二十世纪人文译丛

商队城市

〔美〕M. 罗斯托夫采夫　著

马百亮　译

M. ROSTOVTZEFF

CARAVAN CITIES

本书根据牛津大学出版社1932年版译出。

本书地图系原书地图

审图号：GS（2022）5925号

商务印书馆（上海）有限公司 出品
The Commercial Press (Shanghai) Co. Ltd.

"二十世纪人文译丛"
编辑委员会

* 陈　恒（上海师范大学）
　陈　淳（复旦大学）
　陈　新（上海师范大学）
　陈众议（中国社会科学院）
　董少新（复旦大学）
　洪庆明（上海师范大学）
　黄艳红（上海师范大学）
　刘津瑜（美国德堡大学）
　　　　（上海师范大学）
　刘文明（首都师范大学）
　刘耀春（四川大学）
　刘永华（北京大学）
　陆　扬（北京大学）
　孟钟捷（华东师范大学）
　彭　刚（清华大学）
　渠敬东（北京大学）
　宋立宏（南京大学）
　孙向晨（复旦大学）
　杨明天（上海外国语大学）
　岳秀坤（首都师范大学）
　张广翔（吉林大学）

* 执行主编

〔美〕M. 罗斯托夫采夫

作者简介

米哈伊尔·伊凡诺维奇·罗斯托夫采夫，著名俄裔美籍历史学家，20世纪西方最具影响力的古史学家之一，曾任美国历史学会会长，还当选过俄罗斯科学院院士。主要研究领域是古希腊、古罗马的社会经济，著有《罗马帝国社会经济史》《希腊化世界社会经济史》等。

译者简介

马百亮，上海师范大学历史学博士，上海海洋大学副教授。已出版译著二十余部，包括《统治史》《流感大历史》《人类的情感》《欧洲的黄昏》《战争的面目》《酒：一部文化史》《古典欧洲的诞生》《罗马的复辟》《希腊艺术导论》等。

总 序

"人文"是人类普遍的自我关怀,表现为对教化、德行、情操的关切,对人的尊严、价值、命运的维护,对理想人格的塑造,对崇高境界的追慕。人文关注人类自身的精神层面,审视自我,认识自我。人之所以是万物之灵,就在于其有人文,有自己特有的智慧风貌。

"时代"孕育"人文","人文"引领"时代"。

古希腊的德尔斐神谕"认识你自己"揭示了人文的核心内涵。一部浩瀚无穷的人类发展史,就是一部人类不断"认识自己"的人文史。不同的时代散发着不同的人文气息。古代以降,人文在同自然与神道的相生相克中,留下了不同的历史发展印痕,并把高蹈而超迈的一面引向二十世纪。

二十世纪是科技昌明的时代,科技是"立世之基",而人文为"处世之本",两者互动互补,相协相生,共同推动着人类文明的发展。科技在实证的基础上,通过计算、测量来研究整个自然界。它揭示一切现象与过程的实质及规律,为人类利用和改造自然(包括人的自然生命)提供工具理性。人文则立足于"人"的视角,思考人无法被工具理性所规范的生命体验和精神超越。它引导人在面对无孔不入的科技时审视内心,保持自身的主体地位,防止科技被滥用,确保精神世界不被侵蚀与物化。

回首二十世纪,战争与革命、和平与发展这两对时代主题深刻地影响了人文领域的发展。两次工业革命所积累的矛盾以两次世界大战的惨烈方式得以缓解。空前的灾难促使西方学者严肃而痛苦地反思工业文明。受第三次科技革命的刺激,科学技术飞速发展,科技与人文之互相渗透也走向了全新的高度,伴随着高速和高效发展而来的,既有欣喜和振奋,也有担忧和悲伤;而这种审视也考问着所有人的心灵,日益尖锐的全球性问题成了人文研究领域的共同课题。在此大背景下，西方学界在人文领域取得了举世瞩目的成就，并以其特有的方式影响和干预了这一时代，进而为新世纪的到来奠定了极具启发性、开创性的契机。

为使读者系统、方便地感受和探究其中的杰出成果，我们精心遴选汇编了这套"二十世纪人文译丛"。如同西方学术界因工业革命、政治革命、帝国主义所带来的巨大影响而提出的"漫长的十八世纪""漫长的十九世纪"等概念，此处所说的"二十世纪"也是一个"漫长的二十世纪"，包含了从十九世纪晚期到二十一世纪早期的漫长岁月。希望以这套丛书为契机，通过借鉴"漫长的二十世纪"的优秀人文学科著作，帮助读者更深刻地理解"人文"本身，并为当今的中国社会注入更多人文气息、滋养更多人文关怀、传扬更多"仁以为己任"的人文精神。

本丛书拟涵盖人文各学科、各领域的理论探讨与实证研究，既注重学术性与专业性，又强调普适性和可读性，意在尽可能多地展现人文领域的多彩魅力。我们的理想是把现代知识人的专业知识和社会责任感紧密结合，不仅为高校师生、社会大众提供深入了解人文的通道，也为人文交流提供重要平台，成为传承人文精神的工具，从而为推动建设一个高度文明与和谐的社会贡献自己的一份力量。因此，我们殷切希望有志于此项事业的学界同行参与其中，同时也希望读者们不吝指正，让我们携手共同努力把这套丛书做好。

"二十世纪人文译丛"编委会
2015年6月26日于光启编译馆

目　录

前　言 / 1

第一章　商队贸易：一项历史考察 / 5

第二章　佩特拉 / 31

第三章　杰拉什 / 47

第四章　帕尔米拉和杜拉 / 77

第五章　帕尔米拉遗址 / 95

第六章　杜拉遗址 / 125

参考书目 / 181

索　引 / 189

插图目录

图　版

16　图版一　现代的商队
　　1. 沃伦先生在戈壁沙漠的商队的一部分（沃伦先生供图）
　　2. 罗里奇在中亚的商队的一部分（罗里奇博物馆供图）
　　3. 离开佩特拉前往埃及的商队（艾格尼丝·康威小姐供图）

17　图版二　亚述和波斯的骆驼
　　1. 阿拉伯沙漠中的单峰骆驼（大英博物馆）
　　2. 中亚的骆驼（大英博物馆）

22　图版三　南阿拉伯的人与骆驼
　　1. 墓碑（巴黎卢浮宫，《闪语铭文集成》，第四卷，第 445 号）
　　2. 墓碑（孟买博物馆，《闪语铭文集成》，第四卷，第 698 号）
　　3. 青铜骆驼（大英博物馆，此前从未公布于众）
　　4. 青铜马（君士坦丁堡奥斯曼帝国博物馆，《闪语铭文集成》，第四卷，第 507 号，第 15 页）

28　图版四　中国商队的骆驼
　　1. 驮着两个驼袋的骆驼（费城宾夕法尼亚大学博物馆供图）
　　2，3. 中亚双峰驼（卢芹斋藏品，此前从未公布于众）

35　图版五　佩特拉
　　1，2. 不同角度拍摄的卡兹尼神殿（哈利勒·拉德摄，耶路撒冷）

36 　图版六　佩特拉
　　1. 剧院
　　2. 主要街道上方的拱门（以上均由耶路撒冷的美国殖民地酒店供图）

38 　图版七　佩特拉：在岩石上开凿的陵墓
　　1. 方尖墓碑（耶路撒冷的美国殖民地酒店供图）
　　2. 骨灰坛之墓

39 　图版八　佩特拉
　　1. 在岩石上开凿的神龛（哈利勒·拉德摄，耶路撒冷）
　　2. 两个方尖碑（哈利勒·拉德摄，耶路撒冷）

42 　图版九　佩特拉
　　1. 泉水和泉水圣所（哈利勒·拉德摄，耶路撒冷）
　　2. 通往圣所杰贝恩欧麦尔的台阶（艾格尼丝·康威小姐供图）

59 　图版十　杰拉什
　　1. 杰拉什城外的凯旋门
　　2. 梨子形广场

60 　图版十一　杰拉什
　　1. 宙斯神庙的前侧面
　　2. 剧院的座位

65 　图版十二　杰拉什
　　1. 杰拉什的主要街道
　　2. 廊柱大街的一部分

66 　图版十三　杰拉什
　　1. 水神庙
　　2. 圣西奥多大教堂的入口

69　图版十四　杰拉什
　　1. 纪念性山门
　　2. 阿尔忒弥斯神庙的前面

74　图版十五　杰拉什
　　1. 蓄水池
　　2. 小剧院

97　图版十六　帕尔米拉
　　1. 1711年科尼利乌斯·卢斯绘制的帕尔米拉遗迹（乌普萨拉大学图书馆，安德森先生供图）
　　2. 帕尔米拉全景（艾米先生供图）

98　图版十七　帕尔米拉
　　1. 帕尔米拉城外的墓塔
　　2. 神庙坟墓之一

104　图版十八　帕尔米拉
　　1. 廊柱大街的一部分
　　2. 商队客栈的内部

105　图版十九　帕尔米拉
　　1. 贝勒神庙的正面视图（冈底诺先生供图）
　　2. 贝勒神庙的侧视图（艾米先生供图）

112　图版二十　帕尔米拉诸神
　　1，2. 贝勒、亚希波尔和阿格利波尔，黏土镶嵌物
　　3. 阿苏神，黏土镶嵌物（法国国家图书馆徽章陈列室，巴黎，以上均由吉罗东供图）

113　图版二十一　帕尔米拉诸神
　　1. 阿塔加提斯（大英博物馆，吉罗东供图）

2. 阿塔加提斯和哈达德，黏土镶嵌物（安迪兰子爵夫人藏品，帕尔米拉，吉罗东供图）

3. 战神阿拉特，黏土镶嵌物（大英博物馆，吉罗东供图）

4. 堤喀，黏土镶嵌物（大英博物馆，吉罗东供图）

5. 堤喀或贝勒，青铜镶嵌物（法国国家图书馆徽章陈列室，巴黎，吉罗东供图）

114　图版二十二　帕尔米拉诸神

1. 阿苏和阿兹祖，浅浮雕（大马士革博物馆，因霍尔特教授供图）

2. 阿苏，黏土镶嵌物（大英博物馆，吉罗东供图）

3. 阿苏（安迪兰子爵夫人藏品，帕尔米拉）

119　图版二十三　帕尔米拉的居民

1. 年轻的祭司（耶鲁大学艺术博物馆）

2. 戴面纱的妇女（耶鲁大学艺术博物馆）

3. 学童（安迪兰子爵夫人藏品，帕尔米拉，艾米先生供图）

136　图版二十四　杜拉堡垒

1. 东南方向：堡垒的局部

2. 西北方向：城门和塔楼

137　图版二十五　杜拉棱堡

1. 环绕棱堡的希腊化城墙

2. 棱堡上方宫殿的入口

142　图版二十六　杜拉主城门

1. 主城门

2. 主城门和主要街道

143　图版二十七　杜拉

1. 城市中心的主要街道

2. 要塞宫殿的中央庭院

144	图版二十八	杜拉

1. 阿塔加提斯神庙遗迹
2. 小剧场

148	图版二十九	杜拉

1. 供奉帕尔米拉诸神的神庙
2. 防御工事西南角圣所的庭院

149	图版三十	杜拉的神灵

1. 阿尔忒弥斯石膏雕像的残片（巴黎卢浮宫，吉罗东供图）
2. 阿塔加提斯和哈达德，浅浮雕（耶鲁大学艺术博物馆）

156	图版三十一	杜拉的神灵

1. 帕提亚神（？），浅浮雕的残片（巴黎卢浮宫，吉罗东供图）
2. 涅墨西斯女神，浅浮雕（耶鲁大学艺术博物馆）

157	图版三十二	杜拉的神灵

1. 阿弗莱德，石碑
2. 阿尔忒弥斯－阿赞纳特孔纳神庙

162	图版三十三	帕提亚时期杜拉的贵族

1. 科农和两个祭司正在献祭，壁画（大马士革博物馆，翻印自库蒙《杜拉－欧罗普斯的发掘》，pl. xxxii）
2. 祭祀仪式，壁画（翻印自库蒙《杜拉－欧罗普斯的发掘》，pl. lv）

163	图版三十四	杜拉：护民官尤利乌斯·特伦提乌斯的壁画（耶鲁大学艺术博物馆）

172	图版三十五	杜拉：一所私人住宅内发现的萨珊风格壁画的一部分

文中插图

158	图 1	被神化的帕提亚国王，涂鸦（翻印自库蒙《杜拉－欧罗普斯的发掘》，pl.xcix, fig.2）

159　图2　帕提亚骑兵，在杜拉发现的涂鸦（皮列先生绘）
160　图3　帕提亚或波斯的铁甲骑兵，在杜拉发现的涂鸦（耶鲁大学艺术博物馆）
170　图4　早期萨珊壁画的全视图，描绘的是波斯人和罗马人之间的一场战役
171　图5　杜拉描绘商队的涂鸦（耶鲁大学艺术博物馆）
173　图6　描绘幼发拉底河上船只的涂鸦

地图和平面图

6　近东贸易路线图
32　佩特拉平面图（西奥多·维甘德教授供图）
49　杰拉什平面图（克拉伦斯·费雪教授绘）
99　帕尔米拉平面图（M.加布里埃尔绘）
127　杜拉平面图（C.霍普金斯教授绘）

前　言

本书其实是我1928年一系列游记的合集，而那一年早些时候我去叙利亚、阿拉伯和巴勒斯坦旅行的印象至今还历历在目。这些游记最初出现在两份分别在柏林和巴黎出版的俄国报纸《舵》（The Helm）和《复活》（Resurrection）上，后来在俄国杂志《当代笔记》（Contemporary Notes，在巴黎出版）上再版，这次做了一些修改，增加了几篇新的游记。最后，它们在1931年以书的形式在巴黎问世，书名为《论近东》（O Blijnem Vostoke）。后来，克莱伦登出版社（Clarendon Press）提出要出版英文版，但由于我即将踏上另一段更加雄心勃勃的近东之旅，我决定等我回来之后再出版英文版。我想重游构成我游记主题的地方，并把下美索不达米亚（即今天的伊拉克）纳入我的行程。

这次旅行给了我很多新鲜活泼的感受，它给了我一个机会，让我能够详细地研究这些遗址，体会到考古学在研究这些遗址方面所取得的巨大进步。我得出如此多的新结论，以至于我发现自己不仅有义务修改我的文章，而且有义务在一定程度上进行重写。在此过程中，我省略了俄罗斯卷的最后两篇游记，因为它们涉及的是罗德岛、塞浦路斯和迈锡尼文明，而不是商队城市。

在这些旅行中，我收集了这本书的插图材料。我要感谢我的妻子，感谢叙利亚和黎巴嫩文物处（Service des Antiquites）及其主任塞里格（H. Seyrig），感谢杰拉什和杜拉考古发掘的现场主任费舍尔（C. Fisher）博士、皮列（M. M. Pillet）和霍普金斯（C. Hopkins）教授。我借此机会对你们随时给予的帮助表示衷心感谢。

我不能声称本书提供了一个完整的最终图景，无论是对于整个商队贸易，还是对于某些商队城市的生活。总的来说，对商队贸易的考虑提出了无数的问题，包括经济、地理、气候和历史，这些问题从来没有得到充分的解决，也从来没有学者试图在这方面进行研究。因此，我专门讨论近东商队贸易历史的那一节只不过是一幅素描、一个更大的作品的大纲，希望将来会有人来填补这个空白。

探讨商队城市的部分同样不完美。我选择这些城市是偶然的。它不是基于相关城市的历史重要性，而是基于可获得的信息量，或者更准确地说，是基于遗址的保存状况。很明显，以叙利亚为例，大马士革这样的城市作为商队城市的历史要比帕尔米拉长得多，也更具启发性，而在外约旦，安曼也比杰拉什更大、更重要。在叙利亚北部，阿勒颇几个世纪以来的历史将比杜拉的历史更具启发性。但是，这些重要城市的历史几乎没有保存下来，而保存下来的这一小部分又是如此的支离破碎，以至于我们对它们所能形成的图景必然是不完整的。例如，在大马士革，商队路线、神庙和商队驿站的痕迹仍然可以辨认出来，但遗迹被覆盖得太多，只有在与佩特拉和帕尔米拉结合起来进行研究时，这座古城的地形才变得清晰可见。同样，安曼是一个不断发展的现代化城市，永远不可能被彻底发掘。阿勒颇的地形至今从未被研究过，重构起来更加困难。正是这样的考虑决定了我的选择。我的做法是否明智，由读者来决定。

最后，我必须交代一下我对各个城市的处理。叙利亚、巴勒斯坦和阿拉伯正在进入一个系统的、历史的和考古的探索时期。很可能，这很快将为人们认识本书所探讨的商队城市带来新的启发。评论家可能会问，既然如此，为什么我还要急于写下我的结论呢？为什么不等到有更多的事实，再做出一个问题更少的重构呢？这样的问题是合理的，但在考古研究中，最重要的往往是一个遗址的演化概况。为了使研究尽可能简单和令人满意，实现个人研究的精确目标是至关重要的。我一点也不认为自己已经详尽地叙述了本书中提到的历史问题，但我有信心，我所指出的研究方向是正确的。就许多叙利亚城市来说，只有在认识到它们是一种特殊类型的城市并充分认识到它们作为商队城市的发展时，其历史重要性才会得到适当的重视。

  关于附录的参考书目，我还要再说一句。我的原则是，出版一本书时，一定要感谢那些曾经探讨过书中任何一个特定问题的人。我很抱歉，没有能够列举我所使用的所有的古代史料与现代书籍和文章。这样做会彻底改变这本书的性质。因此，我只提到了这样的书籍和文章，读者可以在其中找到被全文引用或出版的史料，其中载有详细的最新的书目。

M. R.

第一章　商队贸易：一项历史考察

本书中的"商队城市"这个词是什么意思？在回答这个问题之前，我必须回顾一些众所周知的事实，首先，我必须从熟悉的领域开始，追溯叙利亚、腓尼基、巴勒斯坦、美索不达米亚和阿拉伯的布局（见近东贸易路线图）。四边形的阿拉伯半岛南边是阿拉伯海，东西两边分别是阿拉伯海的两个海湾，即波斯湾和红海。除了西南部海岸上一块被称为"阿拉伯福地"（Arabia Felix）的小而肥沃的狭长地带，以及几个绿洲之外，阿拉伯是一片连绵不断的沙漠。在北面，巴勒斯坦、腓尼基、叙利亚、小亚细亚和伊朗高原的高地和山脉构成了这片沙漠的半圆形边界，黎巴嫩山、托罗斯山和伊朗高原上的降雪和充沛的雨水为大大小小的河流提供了水源，如约旦河、奥伦提斯河（Orontes）、幼发拉底河、哈布尔河（Khabur）和底格里斯河，它们使这一地区形成了肥沃的平原。河流带来的肥沃，加上频繁的降雨和凉爽的海风，把地中海沿岸的边缘地带——也就是巴勒斯坦、腓尼基和叙利亚沿海——变成了几乎绵延不断的天然花园或富饶的玉米地。在海岸边缘的后方，这些河流和雨水从沙漠中夺取了一大片水润的（或部分水润的）新月形土地，把它变成了沙漠游牧人口的肥沃牧场和定居居民的潜在可耕地。此外，底格里斯河、幼发拉底河、哈布尔河及其支流的湍急水流可以被当地居民利用，用来灌溉沙漠，并在河岸两侧开垦出大片土地。最后，底格里斯河和幼发拉底河共同形成了肥沃的冲积三角洲，这里被称为下美索不达米亚。如果这个三角洲得到适当的照料、排水和灌溉，它就能从沙漠或沼泽变成最

近东贸易路线图

肥沃的花园、最多产的玉米地或最令人羡慕的牧场。

这就是近东在古代的面貌，这种情况一直延续到今天。我在耶鲁大学的同事埃尔斯沃思·亨廷顿（Elsworth Huntington）教授对气候学进行了一项历史研究，这项研究揭示了这样一个事实：在古代，沿着沙漠边缘的耕作带大小不一。这片所谓的肥沃的"新月地带"随着该地区湿度的增加或减少而变化，因此在湿季，大片土地可以用于农业和养牛，而在干季，这里则沦为干旱、贫瘠的沙漠。在湿季，沙漠中的游牧人口不仅数量增加，而且趋于定居。但随后又会出现另一段干旱时期，饥饿会降临到繁荣昌盛的定居居民社区，破坏人类的劳动成果和人类自身，当这一破坏工作完成后，接着又是一段时间的湿季。然后，重新征服和开化沙漠的进程将重新开始。

在局部和特殊情况下，历史气候学无疑经常被证明是正确的，我所描述的这些变化一般都是由于气候条件造成的。但是，在曾经繁荣的美索不达米亚地区，是人类而不是自然造成了现在的彻底荒凉。在底格里斯河和幼发拉底河及其支流的沿岸，有许多曾经十分繁荣的城市沦为废墟，它们也是如此。在这些土地上，人类已经失去了持续的生产性劳动的习惯，而这种习惯是经过几个世纪的训练才养成的，正因为这个原因，在曾经是繁盛的花园、玉米地和肥沃牧场的地方，我们现在只看到一片荒凉。创造运河、堤坝和灌溉系统的是人，而不是自然。没有这些，近东的大河河谷就没有文明能够生存。

在我所谈到的地区，这些特点很难保证在世界历史上发挥重大作用。的确，这一地区的某些地方不仅能生产足够居民食用的粮食，而且能提供充足的粮食供他们出口。然而，为了这个目的，居民仅仅拥有有组织的农业和养殖体系是不够的，他们还需要一个或多或少有组织的贸易体系。在一个能够出口的地区，很难确定生产和易货贸易哪一个先出现，因为我们知道，在人类历史上没有哪一个时期不进行易货贸易。事实上，易货贸易和生产一样古老。一段完全孤立的国内经济时期的存在，只是理论经济学家头脑想象出来的。

近东是发展易货贸易的理想地区。在它的东部，由北到东有两条大河横贯其间，它们是底格里斯河和幼发拉底河。尽管它们并不特别适合航行，也从未成为繁忙交通的载体，但它们的河岸植被和水源都很充足，形成了一条自然的贸易通道。在埃及西部，尼罗河从南面向北奔流，河水较为平静，易于航行，一直是近乎完美的货物运输渠道。

最后还有阿拉伯沙漠，决不能把它看作地球表面一个贫瘠的荒地，更不能把它看作文明的边界。像大海一样，沙漠不仅把不同的地方分开，也把不同的地方连接到一起，因为它是一个全面开放的贸易通道。它甚至为这种贸易提供了运输工具，即被称为"沙漠之舟"的骆驼。在阿拉伯沙漠的东侧，是绵延的伊朗高原；在南部和东部，在波斯湾之外，坐落着富庶的印度。西边的红海将阿拉伯与另一个传奇地区中非分隔开来，但同时又将两者连接起来。这里因其珍贵而奇异的产品而著称。而在北部，苏伊士地峡连接阿拉伯沙漠和埃及，巴勒斯坦、腓尼基和叙利亚海岸上的许多优秀港口使其与地中海国家、希腊、意大利和西班牙的关系更加密切。

当我们所知的最早的文明诞生于底格里斯河、幼发拉底河和尼罗河的三角洲并开始繁荣发展时，来自各地的商队开始向巴比伦和埃及进发。首先是最近的邻居，即沙漠中的阿拉伯人和伊朗山区的居民。一队队的骆驼跟在后面，这些是毛茸茸的两峰驼，它们是优雅的阿拉伯单峰驼的北方同胞，从伊朗山区带来货物。从北方，从叙利亚北部和小亚细亚，满载着货物的驴群沿着幼发拉底河和底格里斯河山谷而下。与此同时，从埃及、波斯湾沿岸、阿拉伯半岛南部和印度海岸出发的第一批船只开始穿越这些地区。

这些船只和商队满载着巴比伦和埃及所缺乏的货物，对当时的文明人来说，这些货物日益成为必需品，而不再是奢侈品。它们运来了用来建造庙宇、宫殿和城市的石头和木头，用来制造武器、农业和工业工具的铜，还有用来取悦神灵和人的金银、象牙、名木、宝石、珍珠和乳香，以及东方人所珍视的香水和化妆品，还有用于烹调的香料。在叙利亚和卡帕多西亚，在伊朗高原，在印度，在非洲南部和中部，这样的商品比比皆是。作为交换，文明社会为其提供了各种各样的新产品：金属制品（特别是狩猎和战争所用的武器）、精美的织物、玻璃珠、葡萄酒、枣子、油和精致的面包都被出口，这些食物特别适合沙漠中饥饿的贝都因人。不久，文明国家之间也发生了类似的交往，因为他们不可能不交换他们的最新产品。因此巴比伦会把它最新的物产送到埃及，而埃及则把它最新的物产送到巴比伦。印度向巴比伦出口它的产品，而巴比伦也向印度出口它的产品。

最近在巴比伦和埃及的发掘工作已经到了有人类居住的最低层，发现了可以追溯到文明早期的神庙、宫殿、房屋和坟墓中的文物。其中有一些现存最早的书面文本。这些物品和文字都告诉我们，甚至在这么早的时期，商队就将美索不达米亚最古老的城邦苏美尔和遥远的土地连接起来：西部到埃及，北部到小亚细亚，东部和东南部到土耳其斯坦、锡斯坦（Seistan）和印度。在印度的哈拉帕（Harappa）和莫亨佐·达罗（Mohenjo Daro）发现了和巴比伦的乌尔相类似的印章；在里海的阿斯特拉巴德（Astrabad）发现了苏美尔式的古代金器；埃及、巴比伦、叙利亚和伊朗的铜器和器皿多有相似之处，所有这些都进一步证明了这一事实。埃及和巴比伦不仅日常用品有许多相似之处，在装饰图案上也多有相似之处，它们表明了这两个国家之间的紧密联系。通过对乌尔和基什两处王朝前墓葬的分析，我们发现了更确凿的早期对外贸易的证据。在这里，人们发现了大量由金、银、铜和不同种类的木材制成的物件，上面装饰着美丽的宝石，而这些材料都不是本土的。它们都是从很远的地方进口的，而这种进口贸易的最大份额是由商队贸易来承担的。

随着时代的前进，文明传播到越来越广泛的地方。这在很大程度上要归功于公元前三千纪巴比伦的阿卡德国王萨尔贡（Sargon）和纳拉姆辛（Naram sin），他们建立了人类所知的第一个幅员辽阔的帝国。他们把西亚统一成为一个的国家，后来乌尔第三王朝的乌尔纳姆（Ur-Nammu）延续了这一政策。这使他不仅加强了帝国内部各地区之间业已存在的联系，同时也与他在北方、南方、东方和西方的邻居建立了新的联系。然而，这一政策最重要的结果是，在"肥沃的新月地带"的山谷和田野中出现了许多贸易城镇，巴勒斯坦、腓尼基和叙利亚的海上定居点发展成为重要的商业中心。小亚细亚也出现了城市，并开始了与地中海欧洲海岸的贸易，在那里，对类似商业航线的需求刚刚萌芽。对印度、阿拉伯和非洲商品的使用稳步增加，与阿拉伯的商业关系、通过阿拉伯与印度和非洲的商业关系，以及与伊朗高原的商业关系，逐渐变得更有约束力，并逐渐催生了一个更有效率的组织。

商业惯例产生了，那些现在已经成为职业商人的人也越来越具有商业头脑，而民法和商法也逐渐发展起来。这些最初是基于风俗习惯的，但后来书面条款出现了，在巴比伦文明之初，不仅有书面记录，甚至还被编成了法典。我们今天知道，大约公元前1900年的《汉谟拉比法典》并不是第一个试图使刑法和民法系统化的法典。延续了萨尔贡帝国主义政策的乌尔第三王朝已经制定了这样一部法典，很可能是为整个帝国所使用，而早在公元前3000年，就有成千上万种不同种类的合同和协议，用我们所知的最古老的法律语言苏美尔语写成。研究者都知道，这些合同和协议的法律本质以及其中所使用的惯用语，从萨尔贡时代到第一个希腊法和后来的罗马法渗透到当时的东方，几乎没有改变过。

随着时间的推移，苏美尔和巴比伦以外的地区逐渐习惯了法律规则和基于精心定义的权利的交往。最近发现的一部古代亚述法典的片段就证明了这一点，这部法典可能可以追溯到公元前15世纪。另一个稍微晚一点的法典属于小亚细亚的赫梯人帝国，它在公元前二千纪的头几个世纪成长为一个文明的、组织良好的国家。

易货贸易是商法的鼻祖，但作为交换，法律规范易货贸易，使其更加文明，并界定其界限。在小亚细亚东北部的卡帕多西亚的库尔佩特（Kul Tepe）发现了数百份具有法律性质的早期私人文件——即后来的《马萨卡》（Mazaka）——就很好地说明了这一点。这些文件讲述了在当地居民和一些来自南方的移民的共同努力下，对卡帕多西亚和西里西亚的银矿和铜矿进行的系统性开采。这些人可能是来自苏美尔帝国的一个省（即早期亚述）的富有进取心的殖民者。这些殖民者的到来不晚于公元前三千纪的上半叶，他们很快成为该地区的商业领袖。在政治上，他们同时依赖于亚述，也受到苏美尔—阿卡德帝国的保护。从小亚细亚的这些矿藏中开采出来的金属，沿着幼发拉底河顺流而下，被运到美索不达米亚，沿着商队的路线运到腓尼基的港口，特别是比布鲁斯（Byblos）。在那里，它们以巨大的圆环的形式被运到了埃及。

卡帕多西亚文献揭示了关于商队贸易组织和发展的许多有趣的事实。我们不能在这里详细介绍这些文献，尽管我们可能会注意到，其中的大多数是重要的交易和银行机构的档案。这些机构为大型商队提供装备和资金，这些商队通常由驴组成，向南部和西南部行进。这些碑文向我们讲述了那个时代复杂的商业企业，那个时代法律和民事诉讼的全面发展，以及专门的法律机构所进行的有规律、有秩序的工作。正如我们所读到的，很明显，这些文件背后一定有数百年的有组织的易货交易，而管理这种交易的法律也一定是经过数百年才发展起来的。巴比伦为这一演变奠定了第一个基础，但早在公元前三千纪，我们就发现小亚细亚发明了许多新颖原创的东西。事实上，这一制度影响了小亚细亚的整个生活，正如它影响了叙利亚和与其有关的国家一样。

阿卡德和乌尔帝国的衰落导致了一段时期的政治无政府状态，其结果是小国家的自治。随后，在巴比伦西闪族王朝的领导下建立了一个新的联盟，这就是著名的汉谟拉比王朝。在这一时期，古代世界的政治和经济生活变得越来越复杂，尽管巴比伦仍然处于主导地位。

巴比伦苏美尔文明在贸易领域最伟大的成就之一发生在这个时候，也就是说在公元前三千纪的后半段。这时出现了一种金属交换单位，这部分上是由个人生活水平的惊人发展和人类文明生活日益增长的复杂性所创造的，部分上也促进了两者的发展。这种金属单位是铸币的直接前身，铸币在两千年后的公元前7世纪首次出现于小亚细亚及希腊。早期的铸币单位依据的是银币"迈纳"（mina），每个"迈纳"的价值相当于60个"谢克尔"（shekel）。

这种创新部分是私商（历史上最早的银行商人）的工作，部分是国家的工作。

因此，当时所有的事件都导致了商队贸易更广泛的发展和更复杂的组织。沙漠中的贝都因人，幼发拉底河上游或底格里斯河上游的高地人，伊朗高原和小亚细亚的居民，从前都是牧羊人或强盗，现在都摇身一变成了商人。商队成为一个明确的实体，呈现出属于自己世界的复杂的、精心管理的特征，今天仍然是这样，因为铁路和汽车还没有结束它奇怪的独立存在。

当巴比伦王国仍然强大而充满活力的时候，当它仍然牢牢地统治着底格里斯河和幼发拉底河的入海口时，当它最大的对手——远在西部的埃及——在政治上变得越来越强大，并创造了一个令人惊讶的文明时，印度和阿拉伯的商品在美索不达米亚和依赖美索不达米亚的国家以及埃及都有很好的市场。

印度的货物有时从印度港口经海路运往巴比伦，直达底格里斯河和幼发拉底河。更常见的情况是，它们到达一个阿拉伯港口，通常是波斯湾西岸的哲拉港（Gerrha），然后由游牧的阿拉伯人用骆驼和驴子从那里运往巴比伦。在非洲的巴布-厄尔-曼德海峡（Babe-el-Mandeb）之外，西南部的阿拉伯人采购了"阿拉伯福地"生产的货物，这些货物要么穿越沙漠到达哲拉港，然后从那里到达巴比伦；要么通过船只沿着海岸运到哲拉港，或者直接运到底格里斯河和幼发拉底河河口。

另一个重要的沙漠路线通往埃及。西南部的阿拉伯人将他们自己的货物、印度和非洲的货物，沿红海东岸向北运输，然后穿过西奈半岛到达埃及。或者哲拉人会先把同样的货物，也许是巴比伦的一些货物，运往阿拉伯沙漠中心富饶的绿洲提玛（Tema），然后从这个绿洲运往埃及红海沿岸航线上的一个贸易站。在这些早期的日子里，陆上航线比海上航线使用得更多。到此时为止，大海既不受欢迎，也不受信任，只有在绝对必要的时候才会使用。相对于海上运输，人们认为用骆驼穿越沙漠来运输安全得多，也更可靠，印度、阿拉伯，甚至是中部非洲的产品，大多是通过商队从阿拉伯运往巴比伦尼亚、叙利亚、埃及，甚至更远的北部和西部。

毫不奇怪，就像以前在卡帕多西亚所发生的那样，这种与巴比伦、埃及及其附属国（所有文明国家）之间定期的、有利可图的贸易，导致了有组织的国家和一个高度发达的文明在阿拉伯的诞生。到目前为止，我们对阿拉伯半岛东部和南部文化的了解还很少。对东方的哲拉人，对哈德拉毛（Hadramaut）和卡塔巴尼亚（Catabania）的居民，对南部和西南部沿海地区的塞巴人（Sabaeans）王国和迈因人（Minaeans）王国的人，我们只有模糊的了解。迈因人曾统治这片在古代就被称为"阿拉伯福地"的肥沃土地。最近，许多欧洲学者在这片神奇的土地上游历，发现了成千上万的碑文，使我们熟悉了这些民族建造的令人惊叹的建筑，包括城市、防御工事和寺庙。但是，在这里，正如在大多数没有进行系统挖掘的地方一样，我们仍然面临着一些困难的问题，其中最主要的是年代学问题。然而，我们可以有把握地得出这样的结论：在阿拉伯南部，秩序和文明、写作和建筑的起源可以追溯到遥远的过去，很可能可以追溯到公元前二千纪。

阿拉伯最早的文化发展似乎很可能与哲拉人和迈因人有关，也就是说，由于他们的地理位置，他们一个控制了东方的商队路线，另一个控制了西方的商队路线。似乎卡塔巴尼亚人和哈德拉毛人在世界商业史上只起了很小的作用，而迈因人的邻居塞巴人在很早的时候就超过了这些对手。

几个世纪过去了，在近东出现了汉谟拉比的巴比伦帝国和所谓的"势力均衡"。巴比伦的文化和贸易传到了近东大大小小的城市和国家，其继承者是印欧米坦尼人（Mitanni）、时强时弱的亚述人、雅利安人的赫梯帝国、叙利亚北部的大型贸易城市，尤其是阿勒颇和大马士革，以及腓尼基海岸的城镇。埃及也经历了沧桑巨变，它曾一度臣服于来自叙利亚的所谓希克索斯人统治者，到了公元前二千纪中期，它建立了伟大的第十八王朝的埃及—亚洲帝国，其持续时间正好可以让它在未来的文化和商业发展上留下深刻的印记。

在文明人的历史上，西方第一次与东方统一为一个王国，巴比伦人的生活方式与埃及人的生活方式明确地联系到了一起。在一个大帝国疆域内的不同地区之间，商业活动的规模越来越大，这还是有史以来第一次。这个帝国的势力不仅扩展到近东，而且还扩展到塞浦路斯和克里特岛。商队贸易在这一时期蓬勃发展。于是，在公元前二千纪曾维护"势力均衡"的那些国家展开了一场激烈的竞赛，看谁的生活更加奢华，谁的房屋更加华美，谁的武器装备更加精良。在这方面，对当时外交信函的研究就是一个令人信服的证明。例如，图特摩斯三世（Thothmes III）非常高兴地谈到亚述人进贡的波斯青金石和巴比伦青金石，他显然认为当时的文明世界是一个单一的、复杂的有机体，被商业联系紧密地联系在一起。

在公元前一千纪之初，苏美尔巴比伦帝国、埃及帝国和短命的赫梯帝国被一个帝国所继承，即亚述帝国，在短暂复兴巴比伦之后，亚述帝国被强大的波斯帝国所取代。在这一时期，贸易（尤其是商队贸易）处于不断发展的过程中，并逐渐有了更好的组织。正是这种商队贸易先后给近东最繁荣的城市阿勒颇和大马士革带来了财富和辉煌，正是这种商队贸易使腓尼基城市泰尔、比布鲁斯和阿拉都斯处于有利地位，使它们在商业发展中获得了突出的重要性。

在亚述帝国和波斯帝国，商队贸易逐渐巩固，这方面的历史还没人写过，尽管现代学者在各处记录了一些孤立的事实。然而，亚述帝国显然在其发展中发挥了巨大的作用。我们知道亚述有专门的路线，不仅供军队使用，也供商人使用。这些路线很可能是在地图上显示的，因为无论是亚述人之前的还是亚述人的最早的地图都保存了下来，毫无疑问，正是这些地图构成了希腊制图学的基础。这些早期路线和地图都预示了高度发达的道路网络的存在，我们知道，亚述人的国王建立这样一个道路网络主要是为了军事上的目的。但是这个网络对军队有用，对商人也有用，他们会选择穿越沙漠或沿着山脉的安全且有守卫的道路。商人和士兵一样，通过建立和维护水井，通过定期将消息从帝国的一个地方传到另一个地方，都能从中获益。

在强大的亚述君主的保护下，商队贸易不断发展，日益稳定，这可以从一个事实得到说明：此时商队旅行更直接的新道路是更加安全的。在这一时期的亚述文献中，首次提到了后来被称为帕尔米拉的达莫（Tadmor），例如，我们在提革拉毗列色一世（Tiglath-pileser I）和亚述巴尼帕尔（Ashurbanipal）的铭文中都有读到。这表明，在这个时期，甚至更早的时候，商队已经习惯了从幼发拉底河河口穿越沙漠到达大马士革，其路线与后来的商队或今天的机动车队所走的从大马士革到巴格达的路线大致相同。也有这样一种可能，即从尼尼微到哈布尔河口，再从那里经过帕尔米拉到大马士革的直接路线已经开始使用。

有组织的商队贸易并不局限于亚述帝国之内。从提革拉毗列色三世和萨尔贡时期的王室铭文、亚述巴尼帕尔的铭文和浮雕（来自尼尼微）可以看出，向阿拉伯半岛北部发动的一系列战役，使亚述人能够迫使迈因人和塞巴人臣服于他们。虽然这些国家从来没有成为亚述的附属国，但他们还是臣服于它，并时不时地向亚述人的国王赠送礼物，作为一种非正式的贡品。

毫无疑问，与南部阿拉伯人从与亚述有组织的安全贸易中获得的利润相比，这些礼物是微不足道的。我们或许可以将这个时期作为其繁荣的开端，这可以从他们城市的遗迹中得到证明，特别是塞巴人首都马里巴（Mariba）的遗迹。数千种文字各异的铭文显示了阿拉伯半岛在这一时期的重要性，其中最早的可以追溯到公元前7世纪，甚至可能是公元前8世纪，虽然它们在我们无知的黑暗中投下的光芒暗淡而飘忽不定。

要想获得更精确的知识，我们必须要等到对阿拉伯半岛进行科学发掘之后。只有这样，我们才能或多或少地确定阿拉伯半岛南部文字、建筑和雕塑的正确年代顺序。然而，根据我们已经取得的研究成果，我们发现《圣经》中关于塞巴人及其强大女王巨额财富的故事是完全正确的，其中记录的事件甚至有些平淡无奇。这样看来，《圣经》中对以实玛利商队满载香水从基列（Gilead）穿过沙漠来到埃及的描述不再是奇迹，也不再令人难以置信，而《列王记》中所说的塞巴人女王送给所罗门120他连得（talent）金子、香料、宝石等贵重礼物，也似乎并非完全不可能。

图版一 现代的商队

1. 沃伦先生在戈壁沙漠的商队的一部分,当时刚下过一场暴雪

2. 罗里奇在中亚的商队的一部分

3. 离开佩特拉前往埃及的商队

图版二　亚述和波斯的骆驼

1. 阿拉伯沙漠中的单峰骆驼。亚述巴尼帕尔时代的浅浮雕

2. 中亚的骆驼。薛西斯位于波斯波利斯的宫殿的浅浮雕

如果亚述人及其继任者新巴比伦人要实现他们控制新商队路线的目标，很明显，他们将需要有利的位置，这将使他们掌握阿拉伯半岛和叙利亚沙漠的局势。因此，很可能是亚述人首先意识到达莫-帕尔米拉对叙利亚商队贸易的重要性，这并不奇怪；统治着后来被称为彼得雷亚的纳巴泰人（Nabataeans）的祖先以东人（Edomites）必须向亚述人的国王缴税，也不奇怪。根据这一政策，我们可以更好地理解亚述人的历代国王和著名的新巴比伦帝国国王纳波尼多斯（Nabonidus）的努力，他们先后控制了阿拉伯中部商队交通的中心哲拉港和提玛。纳波尼多斯甚至在提玛短暂居住，并从那里派兵攻击亚摩利人（Amorites）和以东人。

波斯人继承了亚述人和新巴比伦帝国的衣钵，这个东方所有文明国家的联盟成为一个强大的、组织完善的国家，极大地推动了波斯贸易的发展。波斯拥有优良的道路，从东到西、从北到南贯穿全境；拥有稳定的货币，其"大流克金币"（golden daricus）渗透到地中海世界的每一个角落。文学作品讲述了波斯与远东、印度和中国之间不断的商业往来，而波斯艺术对印度建筑和雕刻的发展以及对中国纪念性雕塑的巨大影响也证实了这一点。在最近出版的一本关于卢芹斋（C. T. Loo）所藏中国汉代青铜器的专著中，我更详细地讨论了这种影响。

毫无疑问，大流士和他的继任者对他们现有贸易的狭窄范围并不满意，他们希望有更广泛的活动领域。他们梦想着海洋贸易、印度和埃及之间的直接交往、阿拉伯到非洲的海上直航、红海的海上直航和通向地中海的苏伊士运河。

波斯与西方的贸易更广泛，它与希腊大陆的城邦、黑海沿岸、意大利和西西里、北非的腓尼基殖民地交往，以及通过这些渠道与西南欧和北欧部落交往。向这些国家出口的主要是商队贸易的产品，尤其是宗教仪式中必不可少的各种香及许多奢侈品，如香水、化妆品、象牙饰品、珍贵的木材或染成紫色并绣以金线的东西。地中海沿岸的腓尼基城市和小亚细亚的希腊城市，特别是米利都，都在波斯的控制之下，并且都由于这种贸易而繁荣昌盛。弗里吉亚（Phrygia）的财富和后来小亚细亚的吕底亚（Lydia）在波斯王朝早期的财富，都是这些国家作为东西方之间中间人的结果。最后，我们必须提到亚历山大里亚的前身、希腊人的瑙克拉提斯（Naucratis）所进行的巨大贸易。这座城市是由希腊商人在埃及北部海岸建立的，作为埃及和西方之间的转口港。此外，虽然黑海北部海岸的希腊城市在公元前5、6世纪的繁荣在很大程度上要归功于它们与地中海其他希腊城市的贸易，但毫无疑问，与波斯帝国的活跃贸易也使它们受益匪浅——通过高加索和黑海，以及穿越俄罗斯东南部大草原、从土耳其斯坦到顿河和潘提卡彭（Panticapaeum）的古老商队路线。公元前5、6世纪波斯艺术对俄罗斯南部古希腊—东方艺术的影响，在俄罗斯学者的作品中尚未得到应有的重视。

　　在近东，也就是说在阿拉伯半岛、美索不达米亚和叙利亚，波斯帝国的商队贸易与波斯的先驱者，即苏美尔—巴比伦和亚述诸国的商队贸易差别不大。经过阿拉伯半岛的东部贸易路线和西部贸易路线都被使用。我们可以认为，在这两条路线中，东线的重要性有所提高，而主要面向埃及的西线有所衰落，因为此时的埃及是波斯的一个省。这导致了叙利亚沙漠中一些古老的闪米特城市的不断发展，如阿勒颇、大马士革、哈马特（Hamath，今天的哈马）、埃米萨（Emesa，今天的霍姆斯），以及其他许多城市。这些城市都是一片肥沃的狭长地带的中心，这一地带大小不一，拥有充分发展的农业、园艺和畜牧业。它们中没有一个是真正意义上的商队城市，即其存在完全依赖于商队贸易的城市。然而，正是商队贸易使他们变得富有和重要。

　　关于波斯和阿拉伯人之间的关系，我们知之甚少。然而，一些零星的参考资料表明，它们之间的关系与亚述时代遵循着同样的路线。例如，我们听说南部阿拉伯人曾向大流士进贡，我们拥有一篇关于居住在埃及的迈因商人的文本。这些商人出现在一个进口南阿拉伯货物的国家，可能并不罕见，但毫无疑问，这是由于阿拉伯和波斯之间的和平交往，以及波斯势力的影响，阿拉伯商人才能在波斯帝国长期居住，才可以把这种访问看作寻常事件。尼普尔（Nippur）的一家犹太商行与迦勒底人、米底人、阿拉姆人、以东人和塞巴人进行着活跃的贸易往来,这进一步证明了当时商队贸易的活跃。

证明近东和阿拉伯半岛南部各国之间商队贸易之活跃的另一篇重要文献,很可能也属于波斯时期。我这里说的是迈因人王国的第二个首都贝拉吉施(Beraqish,今天的亚提尔)的迈因语铭文,这是目前存世的最重要的迈因语文本。它提到了一些与埃及、叙利亚和亚述进行贸易的商人奉献给阿特塔尔-杜-盖布丁(Athtar Dhu-Gabdim)的一些建筑和祭祀。他们把这些献给这位神,感谢神在一场重要的战争中保护他们的商队免受塞巴人的伤害。这可能是波斯和埃及之间的战争之一,要么是公元前535年埃及被征服的那场战争,要么是公元前343年它被阿尔塔薛西斯三世(Artaxerxes Ochus)征服的那场战争。还有一份类似的文本,来自迈因人的首都玛因(Main),遗憾的是上面没有日期。很可能迈因人通过他们自己的军事和贸易殖民地(其中最重要的是现代埃尔-埃拉[El-Ela])与波斯帝国进行贸易,他们把货物运到埃及,要么通过陆路经过加沙,要么越过红海,从迈因的一个港口运到埃及的港口。后一条路线可能被经常使用,以避免向纳巴泰人缴税。

上面提到的迈因语铭文,以及其他一些事实,都表明了一个新的和独立的商队贸易中心的出现,要么是在新巴比伦的最后几年,要么是在波斯帝国的早期。这个中心就是佩特拉,下文将进一步讨论。也许在这个时候,纳巴泰阿拉伯人首先取代了佩特拉的以东人,成为波斯用来削弱塞巴人的力量,因为塞巴人变得太强大、太富有,这让世界的统治者很不开心。

但是在亚历山大大帝的攻势之下,波斯帝国灭亡了,在其追随者的统治下,事务的中心逐渐从东方转移到西方。商队贸易也发生了类似的变化,尤其是在阿拉伯半岛和叙利亚。在组织他的希腊—东方领土时,亚历山大总体上遵循了波斯的习俗和传统,但作为一个创新者和大流士的追随者,他希望比波斯人走得更远。亚历山大大帝英年早逝,对于他在世时的想法,我们所知道的为数不多的事实之一是,他希望在阿拉伯站稳脚跟,把阿拉伯人对波斯世界帝国所采取的友好态度转变成一个附庸关系。他派了两支队伍远征阿拉伯半岛,为他的军队和舰队铺平道路,就是为了实现这个目的。一支队伍剑指西方，要从波斯湾绕过阿拉伯半岛；另一支一路向东，从红海出发，直到幼发拉底河的入海口。遗憾的是，他的早逝终止了这些大胆但相当合理的计划。

亚历山大死后，他的帝国分裂。东部被分为几个国家，一些是希腊化的，一些是半希腊化的，一些纯粹是地方性的。伊朗高原脱离了希腊的影响，成为遵循波斯传统的帕提亚国王们的所在地。半希腊化的巴克特利亚（阿富汗）走上了独立发展之路；先后是波斯和亚历山大帝国一个省的印度恢复了独立。那里甚至出现了一个强大而短暂的帝国，后来分裂成几个独立的国家。在西部的希腊和近东，取代亚历山大的庞大帝国的是叙利亚、埃及和马其顿，它们之间经常发生争执或战争，后来，一些亚洲小国也加入了这场激烈的竞争，如帕加马（Pergamum）、比提尼亚（Bithynia）、本都（Pontus）、卡帕多西亚和亚美尼亚。一些较老的国家对希腊文化也绝不陌生，由或多或少希腊化了的国王所统治，他们与近东的国王惊人地相似，这些国家包括辛米里亚·博斯普鲁斯（Cimmerian Bosphorus）、色雷斯和努比亚。从埃及出发，希腊文化的影响在不同程度上渗透到阿拉伯半岛北部和南部的王国。

这个强大帝国的分裂并没有影响文明的发展，对印度、阿拉伯半岛和非洲商品的需求越来越大。但是，在希腊化世界的政治中，东方贸易应该走哪条路成了一个棘手的问题。叙利亚的君主们想要垄断它，埃及的国王们竭尽全力要引导它通过自己的领土，并使亚历山大里亚成为最大的中转站。阿拉伯沙漠成为最重要的一个省。先是独眼的安提哥那（Antigonus the One Eyed）和他的儿子德米特里厄斯（Demetrius）试图通过占领佩特拉在阿拉伯北部站稳脚跟。后来，叙利亚的塞琉古王朝和埃及的托勒密王朝都继续觊觎阿拉伯商队路线的独家控制权。

亚历山大和他的追随者都没能征服阿拉伯半岛，即使在今天，英国人和法国人尽管有飞机和装甲车也未能征服阿拉伯。但今天，在武器被证明毫无用处时，外交却可以发挥作用。希腊化时代也是如此。虽然叙利亚的塞琉

图版三　南阿拉伯的人与骆驼

（图片说明见第36页，即本书边码，下同）

1

2

3

4

古王朝牢牢地控制着美索不达米亚，埃及的托勒密人控制着腓尼基、巴勒斯坦和外约旦，双方达成了某种友好协议。因此，东阿拉伯和经过伊朗高原的商队路线掌握在塞琉古王朝手中，西路与非洲的贸易路线掌握在托勒密王朝手中。在美索不达米亚，塞琉古王朝在底格里斯河上建立了塞琉西亚（Seleucia），在商队贸易的影响下，它发展成为世界上最大的城市之一。在西部，奥伦提斯河上的安提阿和它在皮埃里亚（Pieria）的两个港口——劳迪西亚（Laodicea）和塞琉西亚也获得了同样的发展。同样的商队贸易使塞琉古一世（Seleucus I）和安条克一世（Antiochus I）建立了一些城市，这些城市位于从塞琉西亚到哲拉人所在地的路上，以及从底格里斯河到东方的路上。最后，是商业上的考虑促使安条克三世去征服哲拉人，但没有成功。另一方面，亚历山大里亚的发展得益于西路及其与印度和非洲的联系。由于同样的影响，阿拉伯在红海沿岸也建立了几个港口，埃及则在红海沿岸建立了许多港口。托勒密二世（Ptolemy II Philadelphia）曾试图征服（或者至少是孤立）佩特拉，肯定也是因为这个原因。

到了公元前3世纪末，这种情况有所改变，到了公元前2、前1世纪更是如此。此时，经过一场漫长而血腥的斗争，塞琉古王朝发现他们最终不得不停止骚扰伊朗人的国家，甚至把美索不达米亚割让给了帕提亚人。然而，作为交换，他们从此时已经软弱无力的托勒密王朝手中获得了东部省份巴勒斯坦和腓尼基。叙利亚和帕提亚之间的战争几乎摧毁了伊朗高原和波斯湾的商队贸易，帕提亚人对美索不达米亚的征服让其遭受了更大的打击。帕提亚掌握了这些路线，但它从未成为一个完全稳定或集权的国家。它从未放弃要征服整个叙利亚的野心，结果幼发拉底河沿岸战争不断。

因此，我们发现后来的塞琉古王朝对穿越帕提亚帝国的东部商队路线失去兴趣，并试图摆脱帕提亚人的支配，这并不奇怪。他们努力引导印度和阿拉伯半岛尽可能多地通过其他道路进行贸易。这并不是什么新鲜事，自古以来，这些道路就把印度和埃及贸易带到埃及和巴勒斯坦，还经由阿拉伯半岛西部带到腓尼基。然而，塞琉古王朝试图迫使这种贸易走向一个新的方向，只把它引向腓尼基和叙利亚,而不允许它把货物运往埃及。

在这方面,他们很可能是成功的,至少在一段时间内是如此。在安提阿的一些庆祝活动中,安条克四世(Antiochus IV Epiphanes)能够像他强大得多的祖先一样,向其臣民展示来自印度和阿拉伯的黄金、化妆品、象牙和香水,就表明了这一点。他的展示与伟大的托勒密二世或与他同时代的埃及法老不相上下。

对于托勒密王朝来说,为了尽可能多地保留他们与印度、阿拉伯和非洲的贸易,只有一个办法,那就是尽可能多地控制佩特拉,以防止这座城市完全落入塞琉古王朝的势力之下,更重要的是,把印度、阿拉伯和非洲的货物从海上吸引到亚历山大里亚和红海的埃及港口。

佩特拉曾经是阿拉伯北部商队贸易的中心,拒绝接受塞琉古王朝或托勒密王朝的统治。它对两者都保持着独立的、半友好的态度,同时也从两者的弱点中受益,因为它不仅牢牢掌握着向南通往阿拉伯福地的这条重要商队路线(以前可能受托勒密王朝的支配),而且它还努力为自己获取一个出海口。在这方面,它取得了很大的成功:大约在公元前2世纪或前1世纪,艾拉(Aila,即今天亚喀巴湾的亚喀巴)和阿拉伯半岛红海沿岸的白村(Leuce Come)都成为其港口。大约在同一时间,或者更早一点,佩特拉通过哲拉和帕提亚半独立的附属国(底格里斯河入海口的查拉克斯[Charax]王国)直接与帕提亚发生了接触。

后来的托勒密王朝十分软弱,无法延续托勒密二世对佩特拉的侵略政策,但有一件事他们仍然可以做,那就是发起一些海上冒险,使他们的商业独立于佩特拉的善意。因此,我们发现他们寻找一条不经过阿拉伯的港口就能到达印度的航线。一个又一个大胆的商人都尝试了这条路线。例如,我们听说公元前2世纪晚期,尼都斯的尤多克修斯(Eudoxus of Gnidus)成功地进行了两次航行,而这些并非孤例。其结果是可能在公元前1世纪其中一个名叫希帕克斯(Hipparchus)的商人发现了季风,从而使印度和埃及之间的直接贸易成为可能。

对于近东在希腊化晚期的情况以及罗马势力在叙利亚、腓尼基和巴勒斯坦的逐渐巩固，我们知之甚少。当时最主要的事件是，一方面帕提亚的力量不断增长，另一方面，阿拉伯人逐渐向北方挺进，而叙利亚帝国的某些部分，尤其是犹太地，越来越渴望独立。在哈尔基斯（Chalkis）、埃米萨、埃德萨（Edessa），甚至可能还有帕尔米拉，北方当地的阿拉伯王朝统治下的独立国家出现。与此同时，纳巴泰人开始渗透到北部地区，文本和铭文表明，在公元前1世纪早期，他们很可能控制了佩特拉到大马士革之间的全部商队路线，以及这条路线之上的城邑。有趣的是，在南方没有发现类似的扩张，因为在那里，纳巴泰人从未越过内志（Nejd）。几个重要城市（特别是腓尼基的城市）从塞琉古权力中心解放出来，这一事实更加突出了塞琉古帝国的解体。

所有这些事件都不可能不影响商队贸易，商队贸易也必须处理某些新的因素。其中最重要的事实是，沿着幼发拉底河经叙利亚北部的商队路线不再完全安全，因为它们落入了贪婪和难以控制的地方王朝手中。佩特拉现在是阿拉伯商队贸易的首席控制员，它不得不为以前叙利亚的商队贸易中心寻找替代。帕尔米拉之所以成为商队城市，部分原因可能是佩特拉想要开辟一条新路，从幼发拉底河中部到帕尔米拉，再从那里穿过布斯拉（Bosra）到佩特拉，或者直接穿过沙漠到大马士革，这样商队路线就会完全在其控制之下。

我们知道，继公元前2世纪末和前1世纪初统治近东的政治混乱之后，庞培把叙利亚、巴勒斯坦和腓尼基的统治权交到了罗马人手中。这标志着商队贸易历史上一个新时代的开始，因为现在整个罗马都可能成为其市场。整个地中海和邻近地中海的国家都向它开放了。在随后的长期内外部和平时期（中间只出现了一次短时间的内战，在此期间，安东尼重新划分了叙利亚，恢复了托勒密王朝在南部大部分地区的统治），罗马帝国的繁荣自奥古斯都时代起稳步增长，对外国商品的需求也随之不断增加。

同他们的希腊前辈一样，罗马人也非常重视阿拉伯和印度的贸易。他们从马其顿人那里继承了它所有复杂的方面。西方文明大国之间的竞争和他们对商队路线控制权的持续斗争现在已经结束，但是阿拉伯人和帕提亚人仍然存在。阿拉伯人保留了他们古老的无政府主义特征，而帕提亚人不仅没有被西方征服，而且也不会被西方征服。

罗马从塞琉古王朝和托勒密王朝继承了组织东方商队贸易的义务。关于埃及贸易，奥古斯都让阿拉伯人闻风丧胆，首先是他对阿拉伯福地的远征，虽然这次远征没有成功，但是确实让人心惊胆寒，后来他又以同样令人印象深刻的方式为第二次远征做准备，但这次远征并没有实现。从此，埃及商人安排定期到印度的海上航行更加容易了，必要时还可以在阿拉伯的港口停靠。

在叙利亚北部，罗马人自封为晚期塞琉古王朝的继承者，而不是托勒密王朝的继承者。正是庞培终结了佩特拉的纳巴泰帝国，并由此将外约旦的商业商队路线置于罗马的政治和军事控制之下。他以罗马的名义授予沿途的希腊城市以自治权。佩特拉控制并保证商人安全的商队路线没有改变，甚至佩特拉的商业影响似乎也没有受到影响。变化完全是政治上的：由于罗马发动的一系列的战争，佩特拉在公元前1世纪后半叶成为罗马的附庸，仅此而已。佩特拉北部商队路上的城市现在进入了一个更加繁荣的时期，因为罗马人凭借他们所有的军事资源和管理技能，在叙利亚历史上第一次使这些道路完全安全。布斯拉、卡纳萨（Canatha）、费拉德菲亚（Philadelphia，即安曼）和格拉撒（Gerasa，即杰拉什）都属于这样的城市。上述最后一个城市在那时享有一段繁荣的时期，这一事实证明，从费拉德菲亚到大马士革和经重要城市西古提波利（Skythopolis）到巴勒斯坦的商队路线经过杰拉什。很明显，罗马人保护了这条路线。埃及人保留了海上运输，也保留了更喜欢从佩特拉出发的埃及路线，而不是横跨外约旦的路线的商队贸易。

东方问题的解决更加复杂和困难。尽管付出了巨大的代价，罗马依然没能攻破帕提亚。因此，为了商队贸易，它采取了外交手段，与帕提亚就这个问题达成了一项沉默的，甚至是书面的协议。其结果就是帕尔米拉。帕尔米拉原本是一个沙漠绿洲上不起眼的村庄，即《圣经》中的达莫，在希腊化晚期，它是佩特拉保护之下迅速发展的商队贸易中心，此时它不仅成为一个强大的中立国，而且成为罗马的叙利亚和帕提亚之间最重要的贸易中心。无论是罗马还是帕提亚都不容易控制或保护叙利亚北部的路线，因此它们同意将穿越帕尔米拉的沙漠路线作为更短、更便宜的选择。从那时起，从幼发拉底河和伊朗高原来的商队就要经过杜拉，一个坚固的帕提亚要塞。然后，他们不是沿着幼发拉底河继续向北走，而是走沙漠路线到帕尔米拉，然后穿过大马士革、哈马或埃米萨，或者去阿勒颇，或者去腓尼基和叙利亚的城市。稍后我们将详细介绍公元1世纪帕尔米拉和杜拉几乎传奇般的发展。

对于奥古斯都和提比略为罗马在叙利亚东部的政治奠定基础之后商队路线的历史，我们所知甚少。然而，我们确实知道，提比略的继任者卡利古拉、克劳狄和尼禄回到了庞培的政策，而这是奥古斯都，尤其是提比略希望结束的政策。这一政策就是通过封臣国王统治近东。根据这一政策，我们可以很容易地理解圣保罗的陈述，以及公元93—94年的一个铭文，其中提到了纳巴泰的国王对大马士革及其领土所行使的权力。他们可能对整个北方的商队路线——从佩特拉经过大马士革，一直到叙利亚和腓尼基海岸的港口——都行使了这种权力。

随着弗拉维王朝和图拉真的出现，阿拉伯半岛和东方贸易的历史进入了一个新的时期。弗拉维王朝通过摧毁和占领耶路撒冷给巴勒斯坦一个教训，叙利亚几乎所有的附属国都变成了罗马的行省，此时罗马的声望达到了顶峰。罗马似乎没有必要继续其妥协、外交和折中政策。作为附属国的佩特拉和帕尔米拉似乎变得不合时宜。图拉真吞并了佩特拉，并加强了对帕尔米拉的控制。一项雄心勃勃的建设活动让叙利亚和阿拉伯北部有了宏伟的道路网络。路面平整的宽阔道路连接着爱兰尼德湾和佩特拉，通过安曼、杰拉什和布斯拉连接着叙利亚和巴勒斯坦的大型贸易中心。其中一条笔直而平坦的道路穿过莱德加（Ledja）的荒野，一直通向帕尔米拉的城门，今天仍然可以看到。

在图拉真建立的罗马的阿拉伯军事边界上，布满了武装营地、堡垒和大大小小的塔楼，以保护这个新行省免受敌人的攻击，这些都靠近由士兵守卫的水井。这样的军事哨所可能也守卫着佩特拉南部的商队路线，在佩特拉的

图版四 中国商队的骆驼

1. 驮着两个驼袋的骆驼，中国唐朝
2，3. 中亚双峰驼。两块青铜腰带饰板，汉朝（与罗马帝国早期同时）

军事保护下，这条路线已经存在了几个世纪。只有这样，我才能解释罗马骑兵，特别是单峰驼骑兵的还愿铭文，这些铭文是在埃尔-埃拉附近发现的。

布斯拉曾经是佩特拉的纳巴泰人的殖民地，现在进入了它繁荣昌盛的辉煌时期，成为阿拉伯行省的首府、行省总督所在地以及一个不断扩大的商队贸易中心。遗憾的是，我没有去布斯拉研究它美妙的遗迹，因此我无法对其进行第一手的描述。它们代表了罗马军营与商队城市真实特征的奇妙结合。在公元2世纪，布斯拉的建筑无疑比佩特拉更加精美，在接下来的几个世纪里，她的财富和重要性远远超过了佩特拉。图拉真死后，佩特拉进入了一个相对衰落的时期，因为商队交通更喜欢另一条较短的路线，而不是那条通过佩特拉的道路。渐渐地，佩特拉的商人要么错失商队贸易带来的机会，要么移民到布斯拉。

在很长一段时间内，图拉真和他的继任者似乎稳定了罗马商队贸易和商队城市的政策。佩特拉的机会来了又走，现在轮到帕尔米拉了：至少在名义上，它成为罗马帝国的一座城市。这项新政策对商队城市的发展产生了有利的影响，公元2、3世纪是它们最繁荣的时期。

然后是公元3世纪的无政府状态，战争和破坏在帝国内部肆虐。叙利亚发生了天翻地覆的变化。在萨珊王朝的统治下重新建立起来的波斯取代了帕提亚，幼发拉底河上开始了一段新的战争时期。叙利亚陷入无政府状态，一个个皇帝你方唱罢我登场，当地的酋长们恢复了他们的胆量，也恢复了他们以前的强盗行径。贸易衰落了，但似乎没有人复苏或保护它。罗马军团忙于互相摧毁，无力对抗波斯人、叙利亚叛军或阿拉伯人。最后，这些商队城市发起了一场自救。帕尔米拉是其中最独立、最富有、最强大的一个，它试图把商队路线经过的所有土地，以及商队贸易的所有参与者变成一个单一的国家。同样作为商队城市的帕尔米拉努力创建一个商队帝国，并在短期内获得了成功。对我们来说，这项政策及其目的与奥登纳图斯（Odenath）和著名的帕尔米拉王后芝诺比娅（Zenobia）的名字有关。

然而，奥勒留和戴克里先恢复了罗马的势力，使罗马既不能也不愿意放弃对东方的控制。帕尔米拉和它短命的帝国灭亡了，古代世界历史上一个新的时代开始了。这个时代是拜占庭时代。

商队贸易挺过了这场危机和随之而来的变化，但它的性质改变了。某些商队城市（特别是布斯拉和安曼）也幸存下来，但是佩特拉和帕尔米拉连同它们的附属城镇都消失了。这里不是追溯罗马和拜占庭晚期东方贸易兴衰和商队城市命运的地方。这些时期超出了本书的范围，我也没有这方面的材料。有关这方面的信息，读者可以去看拉曼斯神父（Father Lammens）介绍麦加和前伊斯兰阿拉伯的书。我还知道哈佛大学图书馆馆长布莱克（R. P. Blake）教授手头上有一本介绍那个时期商业的一般性著作。在这些书中，读者会找到他所需要的所有信息。为了我的目的——为了追溯商队贸易在古代世界繁盛时期的历史——已经说得够多了，因为到了拜占庭早期，我在下面的章节中所讨论的遗址已经沦为颓壁残垣。

图版三的图片说明

图版三　南阿拉伯的人与骆驼

1. 墓碑的主人名叫伊格利（Igli），他是萨德拉提·库莱恩（Sadlati Kurain）之子。墓碑最上方是塞巴语的铭文。铭文下方的浮雕描绘了死者在另一个世界的景象，他一边饮酒，一边听音乐。最下方的浮雕描绘了他的丰功伟绩。和在上方的浮雕中一样，他穿着带头巾的长外衣。他骑在一匹装饰华丽的马背上，右手执矛，前面是一头骆驼，显然是突袭归来。

2. 墓碑的主人名叫奥西里（Ausili），他是扎巴依维塔（Zabbayiwita）之子。最上方是塞巴语的铭文，铭文下方描绘的是一个塞巴人骑着单峰驼出征的景象。

3. 刻有塞巴铭文的小青铜骆驼：给瓦德神（Wadd）的还愿祭品。

4. 刻有塞巴铭文的小青铜马，一位名叫拉海阿塞提（Lahy'atheti）的人献给太阳神戴特巴克达尼（Dhat Bacdani）的祭品。

第二章　佩特拉

大约19年前,当我第一次去巴勒斯坦时(这是我访问佩特拉、安曼和杰拉什的起点),参观这些城市不仅漫长而艰难,而且复杂而昂贵,作为圣彼得堡大学的一位年轻教授,我根本负担不起。在当时,为了探索这些遗迹,必须组织一个车队,找到守卫,并从土耳其官员那里获得一份通行证。在今天的巴勒斯坦,这一切都已改变。英国人来了,像之前的罗马人一样,他们带来了秩序和安全,良好的道路和新的交通工具。在巴勒斯坦,汽车已经取代了骆驼,而托马斯·库克(Thomas Cook)先生、他健谈的导游和外约旦埃米尔的警察部队已经取代了苏丹的通行证、领事馆卫士和土耳其警察。安曼有了一家旅馆,相对来说还算干净,类似的设施很快将在杰拉什开业。在佩特拉山谷里,托马斯·库克已经搭起了他的露营酒店。卧室由帐篷或古佩特拉的岩墓、岩屋或岩马厩组成,它华丽的宴会厅由另一个更大的帐篷组成。随着这些创新的出现,游客也随之而来。如今,参观杰拉什和佩特拉的游客不再像过去那样以个人来计算,而是动辄几十人乃至上百人。毫无疑问,他们很快就会成千上万地来到这里。

巴勒斯坦和外约旦的新统治者竭尽全力促进该地区的旅游发展。当地民众对这一政策既没有表示反对,也没有表示友好,这可能是由于此地人口的多样性。其中有些是住在城镇的切尔克斯人(Circassians),他们是从俄罗斯移民过来的,被阿卜杜勒·哈米德(Abdul Hamid)送到了外约旦。有些是黎凡特人或巴勒斯坦犹太人,这些人是新移民,他们喜欢在不触犯法律的

佩特拉平面图

情况下掠夺外国人，卖给他们一些小古董，或者是这个国家出产的一些不值钱的东西。来自沙漠的贝都因人不喜欢游客，也不反对回到拦路抢劫的老习惯。然而，他们必须为这种行径付出沉重的代价，因为在佩特拉路上的马安（Maan），驻扎着新的外约旦军团，这是一支英国部队，配有飞机、兵营和装甲车。这支部队的骑兵部队骑在马和骆驼上，与古代罗马军队非常相似，但这支部队现在不再被称为单峰驼部队，而是被称为骆驼部队。装甲车和飞机总是井然有序，随时准备向沙漠中的贝都因人发起猛攻，对他们的入侵或绑架外国人的行为进行严厉的惩罚。因此，欧洲和美国的女士们被某个野蛮的阿拉伯酋长带走的机会非常小，她们只能指望在佩特拉的帐篷里可能发生的浪漫事件。

和其他许多人一样，我和妻子也利用托马斯·库克平淡无奇的服务去游览安曼、杰拉什和佩特拉，因为虽然旅途的费用很昂贵，但我们找不到更好的方法来彻底考察佩特拉。如果游客只想参观安曼和杰拉什，而不介意错过佩特拉，甚至可以省去库克先生的服务，因为他们可以在耶路撒冷寻求巴勒斯坦犹太人司机的服务。这是一群充满活力的年轻犹太复国主义者，其中大多数是从俄罗斯移民过来的。有了他们的帮助，我们很容易就能低价拜访安曼和杰拉什，不过也不是完全没有烦恼。然而，我们是要去佩特拉的，所以在巴勒斯坦待了几天后，我们继续前往外约旦。

长期以来，巴勒斯坦一直受到考古学家的青睐，甚至君士坦丁和他的母亲海伦娜（可能还有许多后来的游客）都开始在那里进行挖掘。然而，就过去的研究而言，外约旦是一个新的国家，直到最近该区域还没有进行过挖掘，也不能进行挖掘。即使在目前，要取得在佩特拉挖掘的许可证也并非易事。事实上，就在我去那里的第二年，一个专门的佩特拉考古学会成立了，并于1920年挖掘了两个月，这次挖掘得到了亨利·蒙德（Henry Mond）先生的慷慨资助。负责外约旦考古挖掘的乔治·霍斯菲尔德（George Horsfield）和艾格尼丝·康威（Agnes Conway）小姐领导了这次挖掘，但是这一工作于次年被中断，我不知道今后是否会恢复。其结果尚未完全发表，但最重要的发现似乎是一些非常奇怪的陶器，所有这些陶器都可以确定年代。在确定佩特拉更重要的建筑和墓冢的正确年代时，这些可能会被证明是十分重要的。这次挖掘发现的所有物品目前都收藏在剑桥的菲茨威廉博物馆（Fitzwilliam Museum）。

在杰拉什和安曼的挖掘工作是在几年前开始的，地下挖掘工作是在对地面工作的结果登记造册之后进行的。在安曼，意大利学者圭蒂（Guidi）在堡垒的高处开始了他的挖掘工作，堡垒位于一个非常有趣的宫殿里，这证明了萨珊波斯人短暂的统治。现在，另一位意大利学者正在那里开展工作，但是安曼是一个很难挖掘的地方，因为这个曾经不起眼的高加索村庄正在迅速发展成为庞大但是肮脏的外约旦首都。现在找到商队道路的希望很渺茫，因为这条路位于这个城市的主要街道下面。然而，我们知道，这条道路的一部分被放置在横跨河床的拱顶上，上面饰有门廊、公共建筑和凯旋门。沿着这条路有一座大神庙和其他圣所、部分保存完好的澡堂以及商队驿站。一座剧院的精美遗迹几乎完好无损，宏伟地独自屹立在河上，这是罗马时代这座古城财富和规模的永恒见证，它也是一个重要的提醒，告诉人们现代这个城市要做出多少必要的改进才能找回古老的费拉德菲亚的一点影子。

佩特拉和杰拉什的情况完全不同。在佩特拉，贫穷的贝都因人只占据了巨大的墓地中一些石头凿成的房子和几座墓冢，因此古城的中心无人居住，大片的遗迹不受阻碍。在杰拉什，阿卜杜勒·哈米德创建的新高加索人村庄只占据了古城较穷的部分，位于河对岸。包括街道和公共建筑在内，整个城市的中心都是一片令人惊叹的独特遗迹，在东方，只有帕尔米拉的遗迹可以与之相媲美，而在西方，就连北非的遗迹也无法望其项背。

关于佩特拉已经说了很多，我不想重复已经讲过的内容。我几乎忍不住要把这座城市比作《一千零一夜》里的一些奇观。当你从周围的高地向下进入山谷，来到河流在暗红色岩石之间开辟出一条通道的地方时，你似乎在注视着某种巨大而奇异的赘生物，一块绯红色的生肉，夹在金黄的沙漠和翠绿的山脉之间。这是一个非常不寻常的景象，当我们慢慢下到河谷时，景色变

图版五　佩特拉

1

2

1，2. 不同角度拍摄的卡兹尼神殿（哈利勒·拉德摄，耶路撒冷）

图版六　佩特拉

1. 剧院

2. 主要街道上方的拱门

得更加不寻常了：峡谷越来越窄，石壁从右到左，点缀着一层层的红色、橙色、淡紫色、灰色和绿色。它们既狂野又美丽，明暗对比鲜明，明处刺眼，暗处漆黑。几乎没有任何东西能提醒游客，这个峡谷作为一条主干道已经存在了几个世纪，骆驼、骡子和马曾经穿行于此，经过这里的贝都因商人一定和我们一样感受到了它的恐怖和神秘的魅力。然而，突然间，人们可能会看到一个带有犬齿图案的墓塔的正面，或者在一面垂直的墙上高高地立着一座祭坛，上面用纳巴泰语向神问安或祈祷。我们的车队沿着峡谷缓慢前行，直到在一个意想不到的拐弯处，我们看到一个在阳光下闪闪发光的橘红色幽灵，它一定曾经是一座神庙或一座墓冢的正面（图版五）。优雅的柱子与迷人的山形墙和拱门相连接，构成了雕像所在壁龛的框架。这一切都呈现在我们面前，虽然是古典主义的外观，但风格新颖，甚至出乎那些熟悉古代的人之意料。仿佛有一座希腊剧院的壮丽场景出现了，仿佛岩石上刻着一幅庞贝壁画，不属于第四风格，而是属于第二风格。但只有少数旅行者会想到这样的类比，其他人很可能会看到巴洛克和洛可可时期宫殿和公园的亭子，将这些富丽堂皇的墙壁上的壁龛与那些风格的房屋和教堂的正面进行比较。但这座让人想起巴洛克和洛可可风格的遗迹是什么呢？它是神庙还是墓冢？它属于哪一个时期？

对于这些问题，学者们并没有给出明确的答案。一般来说，他们把这座建筑称为伊西斯（Isis）的神庙，但我认为这是错误的。我同意这座建筑是一座神庙而不是陵墓，但要说它是献给这位埃及女神及其同伴的，我深表怀疑。它更像是当地一位女神的家，或者说是希腊人的命运女神堤喀（Tyche）的家，她是佩特拉城的守护神，相当于伊朗人宗教中的光辉之神赫瓦雷纳（Hvareno）和闪米特人宗教中的命运之神迦得（Gad）。与此同时，她还是佩特拉阿拉伯人当中一位非常强大的神，那就是月亮女神阿拉特（Allat）。同一位女神后来出现在佩特拉的硬币上。和她一起被崇拜的还有她的两个希腊男性同伴，希腊人叫他们为狄俄斯库里兄弟（Dioscuri），他们都是星星，一个是晨星，另一个是昏星。这些星星指导着希腊人在海上航行，同时也服

图版七　佩特拉：在岩石上开凿的陵墓

1. 方尖墓碑

2. 骨灰坛之墓

图版八　佩特拉

1. 在岩石上开凿的神龛：前景是一块大盆地，中间有一个祭坛；后方左侧是一个石头凿成的祭坛和圣石的底座

2. 两个方尖碑（太阳的象征）

务于佩特拉的阿拉伯人,引导他们穿越黑暗的沙漠。他们引导这些阿拉伯人找到水源,并通向繁荣昌盛的路,引导他们走向异邦,护送他们返回故土。

神庙的年代是下一个问题,我认为那些认为是公元2、3世纪的人是不正确的。这座建筑的风格是如此轻盈优雅,装饰是如此精致而又充满活力,它与第二风格的关系是如此显著,我确信这座神庙是由希腊艺术家在希腊化晚期建造的。

从这里,峡谷开始热闹起来。它的两侧都是死者房屋的外立面。峡谷两边的崖壁上到处都是墓冢,崖壁被这些墓冢的外立面所覆盖(图版七)。巨大的塔形祭坛高耸入眼帘,上面有亚述人风格的狗齿状装饰物,雕刻的浮雕如此之深,以至于这些建筑仿佛独立于其岩石背景。这些都让位于虽然小但是数量众多的相同类型的立面,要么是浅浮雕,要么是高浮雕。在这些本土风格的外立面的旁边,出现了其他希腊化风格的建筑,由柱廊和饰以希腊或当地风格的大写字母的柱顶组成。有时这些正面装饰有希腊雕像。这些希腊化风格的立面达到了一层、两层甚至三层的高度。

一个完整的墓地,一个神奇的死亡之城,或者更确切地说,一座巨大的仙境剧场在你的面前延伸开来。但在这里,一些古墓的外墙被破坏,以便为一座优雅的剧场(图版六 1)腾出空间。剧场是从岩石上凿出来的,有很多个台阶,而这些台阶也是从崖壁上凿出来的。而在右边,整面崖壁都被最令人惊叹的外立面所覆盖。它们是希腊化风格的墓冢,是佩特拉最著名的遗迹,这些我们已经很熟悉,因为它们经常在电影中露面。在它们后面的河谷里,有一个大坑,佩特拉的商人们决定在那里建造他们的城镇,四周都是陡峭的山岩,岩壁上雕凿有几千个墓室。

对于游客来说,佩特拉不仅是一座墓冢之城,而且是一座开凿于岩壁之上的神龛之城(图版八 1)。这种神龛随处可见,一般保存完好。陡峭的小路从生者之城穿过环绕的死者之城,一直延伸到山顶。从远古时代起,当地的贝都因人就会去那里朝拜他们的神灵——不是像他们的希腊化后裔那样去神庙,而是在开阔的天空下。佩特拉的主要神灵是太阳之神杜莎拉

（Dushara）和月亮女神阿拉特，他们不是以人的形象接受崇拜，而是以崇拜物或方尖碑的形式（图版八 2）。杜莎拉的标志是一个阳具状的方尖碑，或者是一块从天而降的黑色陨石。这样一块陨石仍然矗立在麦加。在这些山间圣所，人们在粗糙的祭坛上进行血腥的祭祀，这些祭坛是从岩石上凿下来的，是墓冢纪念碑的原型。然而，不只是半野蛮的阿拉伯游牧部落、氏族或家族来到这些平台和祭坛敬拜，城市里的人也会沿着陡峭而神圣的道路爬上来（图版九 2）。城市里的神庙只是居民按照惯例对神灵表达敬意的地方。他们真正的祈祷是在这些山顶上进行的。白天，当他们站在那里沐浴在他的光芒中时，他们觉得自己与赐予他们生命的永恒的太阳之神很近；到了晚上，月光笼罩着他们，他们似乎与伟大而神秘的银月女神秘密地结合到了一起。

新的景象出现了。从山岩的裂缝中，一股泉水喷涌而出，这是生机勃勃的生命之水。在这里，正如我们所期望的，也有一个圣所（图版九 1）。这是一个山洞，坐落在一块悬岩之下，沐浴在一种奇特而美好的暮色之中。神圣的道路通向这处圣所，这些道路是朝圣者走过的，他们来这里是为了取水，并且经常会在这个洞穴里吃顿便饭，于是这里就变成了一个餐室。

墓冢和岩石圣所比比皆是，但除此之外，这里还曾有一个繁荣的、一个充满活力的城市，就像穆罕默德时代之前的麦加，与杰拉什、安曼和帕尔米拉没有什么不同，换句话说，它是一个商队城市。这是一个富有而狡猾的商人的城市，但它也是一个奇妙而独特的城市，正如它被红色的岩石所环绕一样。它几乎没有幸存下来，但它的平面布局仍然可以追溯。事实上，就在最近，在"一战"期间，德国考古学家、柏林古典文物博物馆馆长维甘德（Wiegand）绘制了这座城市有史以来的第一份平面图。在这张图的基础之上，我前面提到的英国探险队做了一些新的补充。

这个城市的地形轮廓很清楚。连接佩特拉和外部世界的三条峡谷是其主要入口，分别是我已经提到过的西克峡谷（Bab-es-Sik），南边的图戈拉峡谷（Thughra）和北边的土库曼尼亚峡谷（Turkmaniye）。似乎很可能较晚的城市的区域与较古老的城市的区域不相对应。这就是我们从《圣经》和早

图版九 佩特拉

1. 泉水和泉水圣所

2. 通往圣所杰贝恩欧麦尔的台阶

期提到佩特拉的文献中所了解的要塞和岩洞之城。这座坚固的堡垒可能坐落在埃尔哈比斯山（El Habis）上，俯瞰着佩特拉的火山口和后来的建筑。

在北面靠近埃尔哈比斯要塞的地方，霍斯菲尔德先生和康威小姐探索了两个浪漫的峡谷埃尔穆艾斯拉（El Mu'eisra）和西雅格（Es Siyagh）。他们在岩石上发现了几座又大又奢华的房子的遗迹。其中一些房子后来被改造成了墓冢。这些墓冢很少没有被盗窃过的，其中的陶器日期相对较早。这表明这两条峡谷里雕凿在崖壁上的房屋属于佩特拉的早期居民，当时这里刚刚成为一个繁华的商队贸易中心。

说到这里，我要顺便提一下，这种房屋让我们想起在非洲经常可以发现的地下房屋，两者非常类似。很少有人了解罗马时代突尼斯被称为布拉雷吉亚（Bulla Regia）的富裕的地下城市，但是在的黎波里附近有一座类似的城市盖尔扬（Garian），这里住的是阿拉伯人和犹太人，经常有人到此参观，那些来过的人会明白我的意思。

在希腊化晚期和罗马时代早期，佩特拉进入了山谷，其性质也从一个地下城市变成了一个地表城市。很可能是在这个时期，它被城墙所包围，而城墙的线条至今仍能被追溯，尽管它与保存完好的拜占庭时期的城墙并不完全一致。佩特拉早期城墙的年代是不确定的，在没有沿着城墙和对城墙下进行挖掘的情况下，推测它的年代是没有意义的。然而，我要提一下，无论是狄奥多罗斯（Diodorus），还是斯特拉波（Strabo），前者描绘了公元前4世纪末或前3世纪初的情况，后者描绘了公元前2世纪晚期的情况，都没有提到佩特拉的任何防御工事。因此，似乎在早期的纳巴泰时代，只修建了堡垒，而后来的纳巴泰国王才修建了城墙，当时他们能够从希腊化时代晚期的无政府状态中获益，并创建了他们的叙利亚—阿拉伯帝国。

城墙内部的城市规划是由商队贸易决定的。沿着主要河流瓦迪穆萨河（Wady Musa）的道路是主干道，这条河的一部分已经成为运河，还有一部分被覆盖。一个所谓的凯旋门是装饰性的大门，它的遗迹仍然存在，横跨沿河的街道（图版六 2）。在这条主要街道的一侧，在城市西部高原的阶梯状地形上,是俯瞰城市的神庙和公共建筑。两座神庙仍然屹立在宏伟的废墟中,其中一座是卡斯尔费劳恩神庙(Kasr Firaun),在它地窖的墙壁上甚至还保留着灰泥雕刻装饰的遗迹。三个大市场的大致轮廓仍然清晰可辨。生意在这里成交,银行家、商人、中间商和他们的代理在这里交易,黄金和宝石在这里易手。这里的空气中弥漫着来自印度和阿拉伯半岛的姜皮、百里香、熏香和其他香料的味道。

即使在后来,镇上至少有一部分住宅区仍然是由岩石上凿出的房屋组成的,而另一部分则是由主河道街对面的房屋组成的。在这里,万王之王巨大宫殿的墙壁可能与其他的大宅院并排而立。

从整体上看,无论是城市的遗迹,还是圣殿、房屋和墓冢外立面的遗迹,都辉煌而浪漫,但是对于这座城市的历史,它们能够告诉我们的并不多。其建筑仍然被年代久远的灰尘所掩盖,墓冢的外立面仍然没有确定年代,铭文单调,内容贫乏。所有关于佩特拉古城的历史发展和建筑演变的理论都还没有定论。那些认为佩特拉在图拉真时期已不再重要的人的猜测,就像那些认为公元2世纪是佩特拉最繁荣的时期的人的猜测一样,令人难以信服。目前唯一确定的资料是由法国的多明我会修士若桑(Peres Jaussen)和萨维尼亚克(Savignac)获得的,他们认真研究了佩特拉商人在商队城市埃尔赫格拉(El Hegra)的类似墓葬的铭文和建筑。我们现在可以肯定,在公元1世纪,也就是说在帝国早期,现代学者按照演进顺序精心安排的各种形式的佩特拉坟墓都已经在使用。但有一种坟墓是缺失的,即外立面被完全希腊化的那一种,这一事实证明这种坟墓比奥古斯都的统治时期晚,可能属于图拉真时代。然而,它们是如此的奢华和精美,不可能是在这个城市衰落的时期建成的。

因此,我认为佩特拉这个商队城市经历了繁荣和衰落的交替时期。它的发展始于波斯君主制时期,之后是早期的希腊化时期,对它来说,这段时期在政治和经济上都很困难。其黄金时代开始于希腊化时代晚期,那时她的贸易发展到了意料之外的程度。正是在这个时候,我们开始在北至腓尼基的西顿和意大利接触到佩特拉的商人，例如在部丢利（Puteoli），他们建立了一个强大而富有的社区，甚至有自己的神庙。也正是在这个时候，所有重要的商队道路似乎都在他们的控制之下，他们还创建了自己的商队帝国。这段时期持续了不到三个世纪，中间可能有过短暂的中断。一个重要的事实是，只有在这三个世纪里，也就是说从公元前164年到图拉真时期，我们才知道纳巴泰国王的确切名字。奥古斯都统治时期，佩特拉似乎相对衰落，甚至对此我们也不能完全肯定。

在图拉真之后，佩特拉不再是阿拉伯行省最重要的商业中心，虽然富人仍然住在佩特拉的城墙内，为自己和子孙建造奢华的坟墓。然后，贸易中心逐渐转移到布斯拉，这座城市也成为政治生活的中心。我们不知道佩特拉的最终衰落持续了多久，因为这一时期和其童年时期一样笼罩在黑暗中。

对佩特拉兴衰的这一讲述依据的是对其建筑遗迹的分析和对其硬币和纳巴泰语铭文的研究。这些铭文很少是用希腊语写的。其中大部分并非来自佩特拉遗址本身，而是来自它在阿拉伯半岛的附属国以及受其商业利益影响的地区。

然而，这些钱币和铭文只能让我们大致了解它的发展，它们可以告诉我们纳巴泰神灵和国王的名字，以及一些佩特拉公民、部落和氏族的名字。它们很少提到佩特拉人的利益或职业、政治组织或经济结构。偶尔我们可以从这些资料中了解到一些统治者和将军的情况，了解到各个省份军事统治者的封建王朝，但所有这些都属于纳巴泰帝国。我们还看到了佩特拉骑兵指挥官的名字，以及保护纳巴泰国王的商队道路以及叙利亚和阿拉伯领土的骆驼骑兵的名字。有趣的是，这些地区的军事指挥官和总督的头衔不是阿拉姆语而是希腊语，他们被称为将军（strategi）、郡长（eparchs）、骑兵指挥官（hipparchs）和千夫长（chiliarchs）。显然，纳巴泰人只有在将北方希腊化的领土并入其王国并必须建立一个对其新的臣民并不完全陌生的军事和民事组织时，才会感到有必要使用这种头衔。同一时期的帕提亚人也在被迫这样做。正因为有了这些新的臣民，纳巴泰人采用希腊语里的头衔来称呼他们的官员和将领。同样是为了取悦他们,有些国王会自称是"亲希腊者"(Philhellenes),虽然对于以前的臣民来说,他们依然是"起死回生的国王"或"热爱人民的国王"。

然而,在这些头衔的背后,我们感到了那些狡猾的大商人的力量,他们控制着庞大的商队,缓慢地从北到南、从南到北行进,甚至不用经过佩特拉。在其他任何地方,甚至在帕尔米拉和杰拉什,都没有比在佩特拉这个混合城市更能清晰地感受到商队生活的脉动。在其他任何地方你都不能如此敏锐地嗅到商队首领贝都因人炽热的信仰与投机商人狂热的生活之间的结合,正是这种奇妙的结合产生了穆罕默德和他强大的宗教帝国。我从未去过麦加;但是佩特拉的氛围和麦加非常相似,正是在佩特拉,我第一次意识到穆罕默德的阿拉伯人是如何获得这些特征的,正是这些特征使他们能够创建一个世界性的宗教和一个世界性的帝国,使他们能够实现苏美尔人和巴比伦人的梦想。这样的梦想永远不会影响犹太人,因为他们从一开始就与一个国家联系得太紧密,而且他们的民族性格不够灵活多变。对于那些希望了解阿拉伯人在宗教、文化和治国方略历史上所起作用的人,我只提一个建议,他们应该去佩特拉,在那个奇妙的峡谷里住几个晚上,仔细聆听豺狼的合唱,然后去山上的圣所朝拜。这样他们才会感受到古老佩特拉逝去的生活,这里是该地区所有商队城市中最美妙的。在这里,

> 穿过晨曦中的黄沙,
> 骆驼运来了香料。

第三章　杰拉什

佩特拉的建立是由于从印度和南部阿拉伯半岛到埃及和叙利亚的重要商队路线。事实上，它是近东最繁荣的城市之一，无论是在亚历山大时代之后的希腊化时期，还是在罗马统治时期。在本书第一章中，我谈到了外约旦和佩特拉的历史，这里我必须回顾其中的某些事实，并补充一些我无法在概述中展开的基本细节。

显然，佩特拉的贸易至少早在波斯帝国繁荣时期就开始发展了。当时佩特拉和埃及、叙利亚，也许还有巴比伦之间，以及和南部阿拉伯王国之间已经建立了明确的交往，虽然很遗憾，我们没有这方面的确切信息。这段时期的历史鲜为人知，包括埃及和叙利亚，以及南部的阿拉伯王国，包括塞巴人、迈因人和利雅人（Lihyianitic）。

早在公元前4世纪，纳巴泰王国就已经建立了，它不是一个强盗和海盗组成的社会（就像某些学者认为的那样），而是一个有组织的商业国家，有着经过深思熟虑的、精心制定的政策，旨在保持一个积极立场，避免强大邻国威胁自由。我们不知道亚历山大对纳巴泰人是什么态度，但他更直接的继承者肯定会毫不犹豫地染指这个繁荣的商队城市。最早尝试这样做的是独眼安提哥那和他的儿子德米特里厄斯，他们可能是亚历山大的继承人中最有活力和能力的。他们的目的当然是要把佩特拉的贸易从埃及转移到腓尼基的港口。他们或比他们更能干的前辈佩尔狄卡斯（Perdiccas）可能建立了第一批外约旦军事定居点，这些军事定居点的职责是保护从佩特拉向北到巴勒斯坦和腓尼基港口的商队。但安提哥那和德米特里厄斯的努力以失败告终，纳巴泰人保持了他们的独立。

纳巴泰人与托勒密王朝之间的关系并没有立即建立起来，后者作为亚历山大的继承者统治着埃及。我们对这两个大国早期的交往知之甚少，但是很明显，到了公元前3世纪，控制着世界上最大的商业港口亚历山大里亚和腓尼基商业城市的托勒密王朝，试图用自己的势力范围包围佩特拉，以便让它完全依赖他们，听命于他们。显然，托勒密王朝在努力吸引尽可能多的印度和南部阿拉伯贸易到他们帝国的港口，从而在欧洲市场上与塞琉古王朝展开竞争（塞琉古王朝完全控制着幼发拉底河的路线）；他们不能容忍佩特拉的完全自由，也不能容忍在前往亚历山大里亚或腓尼基途中对商队征收的高额关税。因此，毫不奇怪，托勒密王朝采取了各种措施，把南部阿拉伯的贸易从佩特拉转走，以便迫使该城市屈服。这一政策解释了托勒密二世（在所有控制亚历山大里亚的人中，他是最精明的商人）为发展埃及与阿拉伯的海上交往所做的狂热努力。就是为了这个目的，他恢复并完成了尼罗河和红海之间的运河工程；在埃及红海沿岸建立了许多港口；很可能还帮助在阿拉伯半岛建立了一个希腊港口，并建立了埃及对利雅王国的稳固控制，此时的利雅王国已经继承了迈因人对阿拉伯商队的控制。

这一政策的结果是埃及和埃尔－埃拉之间的紧密结合，埃尔－埃拉以前是迈因人、现在是利雅人的商队驿站。在可能是在法尤姆（Fayum）发现的一具石棺上，有一段有趣的铭文，就说明了这种情况。其中提到了是一位迈因商人，他是埃及的祭司，同时也是埃及某些神庙和阿拉伯半岛南部商人之间的中间人。他给神庙提供熏香，作为回报，他用自己的船把细麻布运到了阿拉伯半岛。这种亚麻布是依附于埃及神庙的织布机的一种特殊产品。

我们所掌握的有关纳巴泰人在红海的海盗行为的资料也肯定与托勒密王朝的政策有关，因为纳巴泰人抢劫托勒密王朝的船只的行为，只是对埃及在红海的商业政策的一种自然反应。结果，埃及海军在菲拉德尔夫斯（Philadelphus）或尤尔盖特斯一世（Euergetes I）的指挥下发起了一次惩罚

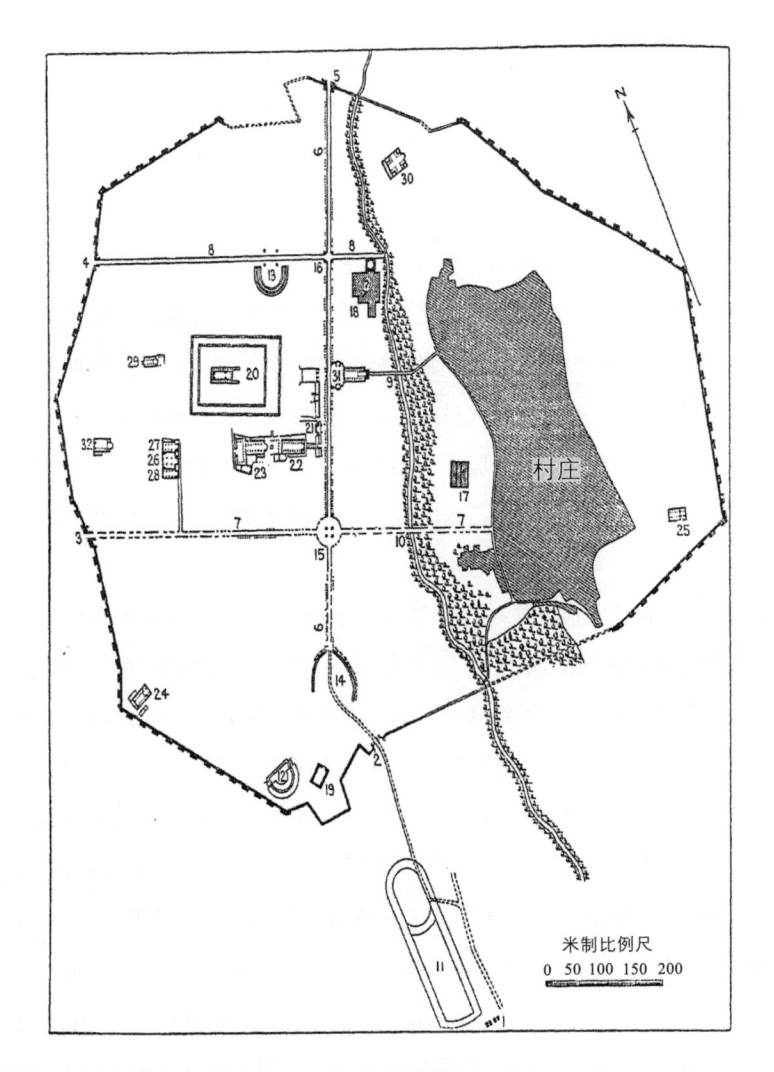

杰拉什平面图

大门：1.拱门 2.费拉德菲亚门 3.佩拉门 4.加大拉门 5.大马士革门
街道等：6.安东尼大街 7.佩拉大街 8.加大拉大街 14.广场 15.南四门塔 16.北四门塔 9.阿尔忒弥斯桥 10.佩拉桥
竞技场：11.跑马场 12.南竞技场 13.北竞技场
公共建筑：17.东浴场 18.西浴池 21.水神庙
神庙：19.宙斯庙 20.阿尔忒弥斯庙
教堂：22.大教堂 23.圣西奥多大教堂 24.圣彼得和圣保罗大教堂 25.保罗主教教堂 26.施洗者圣约翰教堂 27.达米亚努教堂 28.圣乔治教堂 29.建在犹太教堂之上的教堂 30.先知、使徒和殉道者教堂 31.山门教堂 32.圣海内叙斯教堂性的远征，在一段时间内结束了纳巴泰人成为一个海洋强国的努力。

托勒密王朝在腓尼基、巴勒斯坦和外约旦的活动受到同样政策的启发。出于政治和商业上的原因，他们对塞琉古王朝发动了一场又一场战争，先是为了获得他们对这些国家的控制，后来是为了维护他们对这些国家的控制。如果不掌握巴勒斯坦和外约旦地区，托勒密王朝就永远无法组织起对其西奈边境的有效保护，也无法使纳巴泰人屈服。对腓尼基城市的控制是对巴勒斯坦和外约旦控制的自然补充。我们要知道，泰尔和西顿是巴勒斯坦、腓尼基和叙利亚海岸最古老、最优良的港口。自古以来，这些城市就是近东阿拉伯和亚洲贸易的出口。在塞琉古王朝手中，泰尔和西顿是对付埃及的强大海军基地，同时也是阻止托勒密王朝控制近东最重要商队路线的努力的良好起点。

因此，托勒密王朝在成功地将腓尼基和巴勒斯坦变成埃及的行省，并将外约旦的亚扪人酋长国变成其保护国之后，努力巩固他们在这些国家的权力，这也就不足为奇了。达到这一目标的手段之一是使这些闪米特人的生活和文明中心希腊化。我们对他们政策的这一方面知之甚少，但是我们所知道的一点是，托勒密王朝在巴勒斯坦、腓尼基和外约旦实施了一项强烈的希腊化政策。城市建设是这一政策得以实现的最有效手段之一，我们知道这些国王在巴勒斯坦和外约旦都奉行了这一政策。从最近对巴勒斯坦贝特舒尔（Bet-shur）、加扎拉（Gazara）和马雷沙（Maresha）等城市的发掘可以看出，托勒密文化对这些闪米特城市的影响有多深。外约旦的许多城市都是以托勒密王朝的名字来命名的，如费拉德菲亚、贝勒尼基（Berenice）、菲洛特利亚（Philotereia）和阿西诺（Arsinoe），这些城市的建立表明，他们在该地区还做了更多这方面的工作。在这里，托勒密王朝并不是最早进行城市化的，因为马其顿的殖民地在他们之前就已经存在了。但是他们尽了最大的努力使这些马其顿军事殖民地变得强大和繁荣，以抑制生性喜欢拦路抢劫的亚扪人。

托勒密王朝在外约旦的这一政策的结果是相当著名的，因为在著名的泽农（Zenon）档案中发现了大量的信件和其他文件，其中大部分是公元前259年的，它们清楚地说明了埃及人在亚扪人国家的活动，特别是当时在外约旦和埃及之间建立的活跃的贸易。作为托勒密二世的财政大臣阿波洛尼乌斯（Apollonius）的代理人，泽农在巴勒斯坦和外约旦待了一年。难怪他在巴勒斯坦期间所写的信或收到的信显示了托勒密王朝在巴勒斯坦和东约旦的许多政策特点。泽农回到了亚历山大里亚几年后，成为阿波洛尼乌斯的总管，他的档案中保存了其他同样性质的信件的原件或副本。让我们看看其中与外约旦有关的信件吧。

亚扪人埃米尔图拜厄斯（Tubias）和阿波洛尼乌斯以及他的主人托勒密二世之间书信往来频繁。从这些信件和泽农档案的其他文件中，我们了解到，图拜厄斯手下有一些托勒密王朝的士兵，他们驻扎在图拜厄斯的首都拉巴斯亚扪（Rabbath Ammon）。这个地方后来被改名为费拉德菲亚，要么是托勒密二世所改，要么是图拜厄斯为了向他致敬而改。这表明，在很大程度上，图拜厄斯实际上是托勒密二世的附庸，就像他的现代继承者作为英国王室的附庸而统治一样。

埃米尔和法老之间的关系十分友好。前者用极好的希腊语写信给后者，内容是关于他通过泽农和阿波罗尼乌斯送给法老的一些礼物。这些礼物包括马匹、又大又壮的阿拉伯驴、野驴、野驴和家养驴的杂交品种以及狗。很明显，这位埃米尔知道托勒密二世对稀有动物有多喜爱，也知道他为了改善埃及的品种而从国外进口这些动物做了多少努力。有趣的是，在这份清单上没有骆驼，虽然我们知道，在这个时候，骆驼才刚刚开始进口到埃及。

在把动物送到托勒密二世那里的同时，其他的礼物也被图拜厄斯送到了财政大臣阿波洛尼乌斯那里，其中包括出身高贵的年轻奴隶：粉红色的脸颊，杏仁一样的大眼睛，明眸善睐。

正当费拉德菲亚的宫廷和亚历山大里亚的宫廷之间的外交交往密切进行之际，外约旦和巴勒斯坦的生活也活跃起来。一群埃及公民从巴勒斯坦和外约旦的一个地方旅行到另一个地方，他们可能代表着亚历山大里亚的一些显贵。他们从托勒密王朝在巴勒斯坦的主要港口加沙出发，来到巴勒斯坦和外约旦的所有重要集市，向南接触到了佩特拉的纳巴泰人，向北接触到了大马士革的阿拉姆人。他们到处购买用来出口的商品，其中奴隶和马匹是亚扪人入侵托勒密王朝的对手塞琉古王朝领地的结果。

但最重要的商品是纳巴泰人商队运至外约旦和巴勒斯坦的阿拉伯货物，尤其是熏香和没药。因此，托勒密王朝为建立对纳巴泰人的控制而采取的措施看来基本上是成功的，并带来了友好的关系——其结果是佩特拉和亚历山大里亚之间以及佩特拉和埃及的亚洲属地之间活跃的商队贸易。因此，如果与泽农同时代的人告诉我们，正是与纳巴泰人之间的贸易使托勒密王朝的叙利亚和腓尼基"遍地黄金"，这也就不足为奇了。

鉴于所有这些事实，马其顿在外约旦的要塞作为商队城市的历史很有可能可以追溯到托勒密时代。然而，格拉撒并非其中之一。此时，它可能还是一个由阿拉伯人组成的小村庄，他们放牧羊群，偶尔耕种一些土地。

到了公元前3世纪末，外约旦发生了变化。托勒密王朝把巴勒斯坦和腓尼基输给了塞琉古王朝，后者仍然统治着美索不达米亚和伊朗高原的一部分。塞琉古王朝获得了巴勒斯坦和外约旦之后，很自然地模仿了托勒密王朝对商队贸易的态度。作为巴勒斯坦、外约旦和腓尼基的统治者，他们试图将阿拉伯贸易从经由佩特拉和亚历山大里亚的路线转向他们自己的海上城市巴勒斯坦、腓尼基和叙利亚。我们不知道公元前2世纪的塞琉古王朝在多大程度上实现了这一目的，但有一些证据表明，此时佩特拉与塞琉古王朝之间的联系比与托勒密王朝更为密切。例如，我们听说纳巴泰人（也就是说佩特拉商人）出现在腓尼基的城镇和塞琉古王朝在欧洲的主要港口提洛岛（Delos）。

无论如何，可以肯定的是，安条克三世和他的追随者（特别是著名的安条克四世）重新做出努力，继续他们的前辈已经开始的事业，即对外约旦进行系统的希腊化。有些城市肯定是他们的基础，而不是由他们发展起来的早期城市中心。只要看一下靠近亚洲地区的地图，就足以解释塞琉古王朝的城市建设和发展政策的目的。

对于农民、养马者和畜牧业者来说,外约旦本身并不肥沃。只有小型的农业和牧区中心有望在这里繁荣起来。在杰拉什附近,可以获得一定量的铁。

但是塞琉古王朝和他们的祖先之所以会去外约旦殖民并将其希腊化,既不是因为他们想开采无关紧要的铁矿,也不是出于农业上的考虑。他们沿着商队路线建立了一连串的殖民地,把一块块肥沃的平原连接起来。这些商队路线从佩特拉出发,一条通往大马士革、腓尼基和叙利亚,另一条通往耶路撒冷和巴勒斯坦的港口。在公元前2世纪被塞琉古人逐步希腊化的这些外约旦城市,其实是有防御工事的商队城市。很有可能正是在塞琉古王朝统治之下,安曼(确切地说应该是费拉德菲亚)才第一次成为一个真正的希腊城市。我们几乎可以肯定的是,安条克三世(甚至是安条克四世)首先在现代的杰拉什建立了一个希腊殖民地,取代了当地的一个村庄。这个村庄曾经是半游牧的格拉森人部落的中心,从此被称为格拉森人的安提阿,或者是克里索罗斯河(Chrysorrous)上的安提阿,这条溪流穿城而过。这座安提阿城的遗迹至今仍然屹立着。

上述关于外约旦早期历史的陈述,目前还只是假设。除了对于罗马时代的某些道路之外,对这个国家的科学研究还很少。商队路线在那个时期经过这里的路线已经确定了,但是对于希腊化时期商队道路的网络,我们只能做一些猜测,在专家根据准确的航拍图进行详细的考古调查之前,别无他法。然而,我认为外约旦各个城市发展只能由贸易来解释。可以注意到,在后来的时间里,杰拉什与安曼和布斯拉都有很好的道路连接。然而,即使在罗马时代,也没有确凿的证据可以证明杰拉什与大马士革和巴勒斯坦之间存在联系。

为了控制国内对外来希腊元素的浪潮所做的反应,邻近亚洲的马其顿国王做了最后的努力,但是我们知道这种努力是多么短暂。马加比家族统治下的巴勒斯坦成为这种反动情绪的中心。我们知道罗马人是如何帮助犹太人从希腊化的塞琉古王朝独立出来的，也知道罗马是如何允许这些蛮族人以最坚定和残忍的方式毁灭所有希腊化的人和事，因为即使在战胜安条克三世之后，罗马人仍然将塞琉古人视为大敌。在亚历山大·詹尼亚斯（Alexander Jannaeus，公元前102—前76年）时期，外约旦的城镇（其中包括新建立的格拉森人的安提阿）被犹太人占领并摧毁，成为这种反应的受害者。似乎在塞琉古文化还没有扎根之前，这个不幸的城市，这个希腊文化的新中心就已经走到了尽头。但是命运却另有安排。

关于公元前1世纪外约旦和杰拉什的情况，我们所知甚少，但毫无疑问，正是在这一时期纳巴泰的贸易发展到了最繁荣的时期。佩特拉最好的遗迹卡兹尼神殿（El Khasne）就属于这一时期，这不是没有原因的。我们在大马士革找到了有关纳巴泰国王统治的资料，这也并非没有原因。

佩特拉的崛起得益于幼发拉底河流域的无政府状态，而这种无政府状态是由帕提亚人的稳步推进和他们对两河流域的征服所导致的。塞琉古王朝和帕提亚安息人（Arsacids）之间的持久战争导致了从塞琉西亚沿幼发拉底河的商队路线的暂时混乱。有一段时间，商队从波斯湾的哲拉港出发，或者从查拉克斯出发，前往佩特拉，都比从哲拉港出发，前往幼发拉底河河口，再从那里沿着河流向北行进更为有利。同样重要的是，被削弱的埃及再也不能把它的意志强加给纳巴泰人。所有这一切的结果是，纳巴泰人控制了横跨西奈半岛的商路，甚至控制了红海通往埃及的部分商路。因此，他们的王国向南部和西部大大扩展，他们在埃兰湾（Elan，即阿喀巴湾）东岸的港口成为白村的开放港口。它吸收了以前存在的港口，并开始与托勒密王朝的埃及港口进行活跃的交流。

我们不知道纳巴泰的这种成功对外约旦产生了多大的影响，但它的繁荣的开端（如果不是其复兴）似乎很可能是从这个时期开始的。在这方面，布斯拉的历史经常能够提供证据，1930年在杰拉什发现的第一块纳巴泰铭文（似乎可以追溯到公元前1世纪），也可以证明这一点。

但是对此我们没有明确的信息。我们唯一可以确定的是，庞培结束了佩特拉阿拉伯半岛、叙利亚和巴勒斯坦的独立，给了外约旦的城市以"自由"，这是外约旦历史上的一件大事。从此，塞琉古王朝在近东的地位被罗马人所取代，他们作为新的希腊化者来到这里，延续了塞琉古人的希腊化政策。在叙利亚，他们的政策从一开始就和塞琉古王朝类似，外约旦的城市之所以在后来变得伟大而繁荣，就是因为这个事实。因此，在杰拉什，庞培被视为这个城市的新奠基人，这是很自然的，这在一种新的纪年体系的使用中得到了体现，我们可以称之为庞培时代（始于公元前64年）。这样看来，这一年似乎有一个新的朝代掌权了，这个朝代实际上不是希腊人的，但肯定是亲希腊的。

庞培在叙利亚的继承者基本上延续了他的政策。一个半多世纪以来，当地的国王作为罗马的附庸统治着佩特拉，并继续控制着阿拉伯商队的贸易。罗马在这方面的政策并不完全清楚，但在帝国早期，似乎是通过与印度和南部阿拉伯半岛的独立联系来加强埃及，而不是通过保护和发展经过佩特拉的商队贸易。关于奥古斯都的阿拉伯远征以及他的后继者（尤其是尼禄）在红海所采取的政策，我们所掌握的资料相当贫乏，无论如何，这就是这些资料给我们留下的印象。

然而，外约旦的城市不可能不受当时叙利亚和整个罗马帝国更加稳定的生活的影响，尤其是公元1世纪的前几十年里。由于这种稳定，叙利亚和巴勒斯坦进入了一段非常繁荣的时期。无论是希律王及其王朝和马加比家族的那些杰出继承人的建筑活动，还是罗马那些曾一度统治巨大的叙利亚和巴勒斯坦王国的顺从附庸的建筑活动，都可以证明这一点。最近在杰拉什开始的系统挖掘也发现了这种繁荣的迹象。这些都证明了公元1世纪初是城市建筑活动最活跃的时期，城市的总体轮廓就是在这一时期确定的。

无论是对杰拉什还是整个外约旦地区来说，最繁荣的时期都是稍后开始的。部分原因是近东发生的两件事：犹太人起义反对尼禄和韦斯帕芗，以及罗马皇帝对亚历山大里亚的政策。公元70年的巴勒斯坦战争促使弗拉维王朝的皇帝试图用一连串希腊化的城市来包围犹太教的中心犹太地，从而对犹太教形成合围之势。外约旦沿着约旦河的这些城市构成了其中的一部分。在那里，韦斯帕芗和图密善安置了一大批罗马老兵，他们要么来自希腊，要么已经完全希腊化。强大的罗马驻军再次出现在外约旦的一些城市，以支持这些希腊主义和罗马影响的新代表。很可能，除了这种军事政策外，弗拉维王朝的皇帝还采取了一些措施，促进佩特拉的贸易，并将其引向外约旦的城市。最近在杰拉什出土的一些铭文表明了这一事实。

恐怕我们不能否认，这一政策在一定程度上也是针对亚历山大里亚的，它对这个城市可能造成的损害是有意的。在公元1世纪，亚历山大里亚变得太富有、太繁荣了，它的居民对罗马人既嫉妒又鄙视。在亚历山大里亚，反对势力不止一次地抬起头来；正是由于罗马官员在那里采取了强有力的措施，犹太人的大屠杀才没有发展成真正的起义。因此，弗拉维王朝的皇帝和他们的追随者急于将亚历山大里亚东部贸易的一部分转移到罗马帝国的其他省份，为此目的，他们选择了外约旦的城市，并尽力发展其贸易，这都不足为奇。

从这个角度看，图拉真及其追随者的政策似乎是合理的，这也解释了公元2世纪外约旦城市传奇般的飞速发展。我已经描述过图拉真如何牢牢地控制了佩特拉，并将其变成他新阿拉伯省的一部分，他又向居民解释说，从今以后，他们的贸易不仅包括通过红海与埃及人的贸易，还包括通过外约旦的城市与大马士革和腓尼基、叙利亚沿海的贸易。毫无疑问，图拉真的计划是由于我们刚才所描述的亚历山大里亚和巴勒斯坦的局势，也是由于他对帕提亚和美索不达米亚的态度，我将在下一章更多地谈到这一点。他在阿拉伯和外约旦的政策被他的继任者哈德良、安东尼·庇护、马可·奥勒留和康茂德所继承，后来又被塞维鲁王朝所继承。正是在这个时期，杰拉什的繁荣达到了其顶峰，它最宏伟的遗迹也是这个时期建立的。此时，这个城市在河的两岸大幅扩张，成为一个典型的商队城市，我们后面马上回到这一点。

到了公元3世纪，这种繁荣戛然而止。外约旦的城市陷入衰败。虽然我们没有这方面的直接信息，但不排除这样一种可能——伊朗东方的新主人萨珊波斯人在公元3世纪中叶曾多次横扫美索不达米亚和叙利亚，佩特拉和外约旦的城市也没能逃脱他们的掠夺和蹂躏。这可能是他们衰落的原因之一，尽管主要原因无疑是在公元3世纪大部分时间里罗马帝国的无政府和衰败状态，商队贸易受其影响最大。我们要知道，它在公元2世纪的辉煌发展完全要归功于当时罗马帝国的日益繁荣。

我们不知道佩特拉是否曾经从公元3世纪的衰落中恢复过来，但是杰拉什后来出现了一次复苏，并逐渐地恢复了作为基督教城市的一些重要性。从公元4世纪起，在其神庙的旁边建起了一些简陋的教堂，同时也出现了犹太教会堂。太阳之神和月亮之神被征服一切的十字架所取代，但这座城市的商业生活所经历的只不过是缓慢无力的恢复。

杰拉什的真正复兴发生在查士丁尼时期，其原因有待那些准备认真研究罗马晚期和拜占庭时期商队贸易历史的人来加以阐明。不过，有一点是肯定的，那就是在查士丁尼的时代，商队贸易出现了复兴。它走的依然是外约旦的路线，经过佩特拉或在阿拉伯已经取代佩特拉的城市。这次复兴对杰拉什的生活产生了显著的影响。就是在这一时期，在阿尔忒弥斯神庙的废墟旁边，出现了一座巨大的教堂，即圣西奥多（Theodore Stratelates）大教堂，里面有一个神圣的水池和一个巨大的山门（Propylaea），可以与附近那些类似的异教建筑相媲美。这些异教建筑也都被变成了教堂，里面有很多精美的绘画和镶嵌画。尽管如此，那些依然是异教徒或者还没有完全皈依基督教的也没有被忽视，大概在这一时期，历史悠久的闪米特人五月庆典狂欢节（Maiumas）被恢复，虽然这受到了教父们的极力反对，因为他们认为这个节日是不道德的。

然而，这座城市的复兴昙花一现。萨珊王朝的风暴席卷而来，接着是穆斯林时代和前穆斯林时代阿拉伯人的统治。这些东方的统治者对杰拉什的衰败负有一定责任，但是他们并不是彻底毁灭杰拉什和外约旦其他城市的罪魁祸首。无论圣像破坏者奥马尔二世（Omar II，公元717—720年）对这里的基督教教堂造成了什么样的破坏，他都无法与746年1月18日的那次地震相

71 比，后者摧毁了杰拉什许多最伟大的建筑。然而，无论是奥马尔还是地震，都不是它最终毁灭的真正原因。真正的原因是阿拉伯统治时期商队贸易组织的变化。商队路线变了，不再经过杰拉什。这里依然残存了一线生机，最近发现了一座12—14世纪的阿拉伯城市的遗迹。挖掘的进展将显示出这座12—14世纪的城市有多么重要。就我们现在所知的情况，它的复兴是局部的，也是短暂的。不久之后，杰拉什变成了今天的样子。它是叙利亚众多遗迹中最浪漫的一处，也是现代考古工作最有希望的地点之一。

考古学家在这里发现了什么呢？十年前，参观这个地方是一件困难而复杂的事情，而现在就太简单了。如果你清早在耶路撒冷乘汽车，午餐时间就能到达。难怪在19世纪，参观遗迹的人数是个位数，而今天却要达到几百人，而且很快就会达到几千人。在过去，考古学家们满足于拍摄杰拉什遗址并复制这里的铭文，而现在，对该遗址进行科学和系统挖掘的时机已经到来。这同样也不足为奇。

72 我们这些20世纪的考古学家，就站在18和19世纪的前辈们的肩膀上，他们最早收集了杰拉什的铭文，绘制和拍摄最重要建筑的遗迹，对其进行测量，并绘制城市的总体规划。在完成这项准备工作之后，耶路撒冷英国考古学院院长加斯唐（Garstang）教授主持了杰拉什的第一次发掘工作。

然而，在他任职期间，外约旦重新成为一个独立的国家，其宪法很有意思：地位最高的是一位埃米尔，他住在王国首都安曼一座崭新的小宫殿里。他要问政于内阁，内阁由当地人民选出的大臣组成，而每一位本地大臣都有一名英国的顾问。埃米尔还拥有一支外约旦军团，其军官有一部分是英国人。在托勒密王朝时期，其政府可能也差不多。外约旦政府的一个重要部门是文物部（Service of Antiquities），也是由一位当地人和一位英国顾问负责。这位英国顾问就是著名建筑师霍斯菲尔德（L. L. Horsfield）先生，他在杰拉什定居下来，并沿着加斯唐教授的足迹，通过有系统的挖掘和对这个城市的部分重建，开始了其历史上的一个新时代。

在这方面，霍斯菲尔德先生过去和现在都得到了许多外国机构的帮

图版十 杰拉什

1. 杰拉什城外的凯旋门

2. 梨子形广场。小山上左边是宙斯神庙遗迹,右侧是剧院遗迹

图版十一　杰拉什

1. 宙斯神庙的前侧面

2. 剧院的座位

助。先是英国考古学院与他合作发掘了遗迹。不久，在已故教授培根（B. Bacon）的建议下，耶鲁大学对这项工作产生了浓厚的兴趣，并帮助霍斯菲尔德先生和加斯唐先生的继任者克劳福特（Crowfoot）先生继续他们的工作。自从英国考古学院撤出以来，耶鲁大学正在与耶路撒冷的美国东方研究学院合作，在霍斯菲尔德先生的帮助和建议下开展这项工作。

在头两年，耶鲁大学的目标是研究这里的基督教遗迹，而霍斯菲尔德研究的是其异教徒遗迹。现在我们都在研究最重要的遗迹，无论是基督教的还是异教徒的。

这里我不打算详细讲述已经完成的工作，因为其中许多仍有待发表，我不愿侵犯那些有权写这些报告的人的权利。这里，我将只对公元1、2世纪最繁荣时期的杰拉什做一个大概的描述。关于那个时代以前是什么样子，或者在那个时代以后发生了什么，这个难题至今还没有得到充分的解释。即使是最近的发掘也没能揭开这个希腊化城市的面纱，而只是非常缓慢地展示了它的基督教继承者的面目，即公元4世纪以及以后几个世纪的杰拉什。

和在佩特拉一样，这些遗迹让我们对这个城市的基本骨架有了清晰的认识。环绕着杰拉什的城墙突出了周围乡村的特色。这些城墙的日期无法确定。也许我们应该将其核心部分归于希腊化时代。也许有些防御工事是在罗马时代早期完成的，特别是在反对尼禄和韦斯帕芗的犹太人大起义之前和期间。在公元3世纪和以后的几个世纪里可能进行了修复和重建。

杰拉什的基本骨架有三个突出特征，分别是主要的柱廊大道，相当于这个城市的脊柱；大神庙，相当于心脏；椭圆形的市场，四周有立柱围绕，这里可以被认为是腹部。雄伟的剧场和宙斯神庙孤零零地耸立着，俯瞰着南门，仿佛是为了保护这座城市不受这边的影响。

如果从安曼方向的道路进入杰拉什，你看到的第一座建筑就是罗马帝国大多数城市的典型建筑，即象征着帝国和皇帝荣耀的凯旋门（图版十 1）。就像在杜拉一样，杰拉什这座拱门矗立在城外。很遗憾，上面的铭文已经消失，所以我们无从知道其建成日期，虽然它很像南大门。人们或许会认为两者是同一时期的，但是南大门的日期也仍然未知。

　　游客经过的下一处遗迹位于通往安曼的道路的左侧，也位于城外。这是一个大型竞技场（长200多米，宽80多米），有座位和两个"贵宾包厢"。这里有一个奇怪的误解，因为大多数学者称它为"海战演习场"（naumachia）。第一个如此命名的人应该给大家一个解释，因为在这样一个水像黄金一样贵重的半沙漠地区，怎么可能会存在海战演习场呢？从这个建筑物本身也看不出有什么办法可以往这个圆角矩形的场地中充满水。其真正用途是不言而喻的，它就是一个举行体育比赛的竞技场。但它可能也为商队城市提供了一些更大的用场，比如作为牛马或骆驼市场。商队很可能就是在这里购买新的补给，并卖掉多余的牲畜。为了达到这个目的，竞技场的使用可能是为了方便买卖双方在交易达成之前对动物进行测试。后来，也许是在第二次波斯入侵期间，竞技场的北部被分割出去，成了一个小一点的马戏场。

　　从安曼到达的商队只要几分钟就可以到达南门，这是一座建造精美、装饰华丽的拱门，有三条通道。

　　这里的城墙是凸出来的，目的是为了把高耸的山丘围在防御工事之内，山上矗立着两座宏伟的建筑（图版十 2）。这些建筑至今保存完好，包括一座富丽堂皇的神庙和一座剧场。很难解释它们在城市大门的位置，也很难解释为什么这些建筑与城市其他建筑的朝向不同。城里的道路是笔直的，从南到北、从西到东，毫无疑问，这种布局可以追溯到罗马早期。神庙和剧场与此方案不符，因此不可能是罗马人建造的，而是来自希腊化时期杰拉什的遗产。

　　这座供奉罗马时期奥林匹斯山主神宙斯的神庙从未被发掘过，因此人们对它的早期历史知之甚少。已知的唯一事实是，在公元1世纪，人们必须为它的建设或重建筹集资金。这项工作直到公元163年才完成，此时这座神庙披上了罗马的外衣，被敬献给宙斯（图版十一 1）。

　　剧场（图版十一 2）的历史没有这么模糊。它建于罗马早期，可容纳4500名观众。舞台经历了频繁的重建，其日期还没有被科学地确定。我的印象是，它最早的形式可以追溯到希腊化时期，如果果然如此，如果山上的建筑真的是在这个时期建造的，那么我们完全可以进行如下的重构。

在前希腊化时代，这里可能有一座供奉当地闪米特神的神庙，因为后来的铭文告诉我们，在更晚的时期，宙斯居住在这座山上，有圣役伴随左右，这或许可以被认为是原来的神庙东方传统的遗留。和其他叙利亚神庙一样，这座神庙可能与一座用于宗教目的的剧场式建筑是联系在一起的。在希腊化时代，当地的圣所被改造成了宙斯神庙，一个大型的希腊剧场也建成了。也许这座山变成了卫城和堡垒，甚至可能修建了防御工事。最后在罗马早期，比如说公元1世纪，神庙和剧场都进行了重建、扩建和重新装饰。也许就在这个时候，前者被一座外城台包围了起来，外城台上有一段巨大的楼梯，一直通到椭圆形的广场，作为城市主干道的廊柱大街就从这里延伸开去。当城墙建成时，坚固的堡垒肯定被围在防御工事之内，它甚至可能继续被作为堡垒使用。

商队经过城门后直接进城。在那里，首先映入他们眼帘的建筑群是一个庭院，其大小和形状都不同寻常：形状像一个扁平的梨子，两端都有雄伟的大门。广场铺设得很好，两边是两条不相连的爱奥尼亚式廊柱，只把它的一部分围了起来（图版十 2）。今年进行的试发掘证明，在目前的情况下，它可以追溯到罗马早期，也就是说，可以追溯到城市重建时期。早期这个地方没有广场。挖掘表明，在两座小山（卫城和河边的小山）之间有一条深沟，里面填满了碎石，以便为建造罗马式广场提供平地。然而，同样的挖掘并没有揭示这个奇特广场的真正目的，但我认为，和在佩特拉一样，对于来到杰拉什的人来说，最早进入视线的一定是几个商队驿站中的一个。这些驿站以市场广场的形式出现，周围是商铺、仓库和货栈，和在今天的商队城市依然能够看到的相类似。商队一定在这些广场上停过，在这里，货物被从骆驼身上卸下来，放进仓库里，旅客们也洗漱休整。只有在穿上干净、优雅、文明的衣服之后，旅客们才进入这座清洁、优雅的城市。

从椭圆形庭院延伸出去的宽阔街道（图版十二）是杰拉什的骄傲，佩特拉和每一个叙利亚城市也都以有这样的大街而自豪。它的两侧有500多根石柱，今天只剩下70多根，两边的柱廊有两处互相连接，一处位于起始端，一处位于中间部分结束的地方，把它们连接到一起的是两个叙利亚典型的建筑四门塔。在这两个四门塔之间，更加重要的建筑排列在大街两旁。在四门塔的东西两边，有两条和廊柱大街垂直交叉的有柱廊的道路，其中通往桥头的那条穿过第一个四门塔。

主干道的中间部分两侧是异常漂亮的建筑。我们很熟悉北面的那些建筑，从第一个四门塔开始，从南面来的游客可以看到一连串宏伟的建筑外立面。首先出现的是一座精美的水神庙，这是最近被挖掘出来的，霍斯菲尔德对其进行了部分复原。这是一座三层建筑，外立面装饰华丽，风格有点像剧场的石头装饰。它同时作为神庙、水渠和蓄水池。这个建筑上装饰着壁龛、雕像和彩色大理石饰面，还有不断流淌的水（图版十三 1）。

接着进入视线的是一座精致的山门，它是通往引人注目的装饰楼梯的入口。这段楼梯曾通往一座小神庙，是阿尔忒弥斯神庙的一个朴素的邻居，也许是她神圣伴侣的住所。他可能是因为敬畏他妻子的伟大才退避到这个安静的地方的，就像在很多地方的传说里，阿塔加提斯（Atargatis）女神的配偶哈达德（Hadad）所做的那样。在叙利亚和小亚细亚，很多神灵也都有这样的情况。这是因为伟大的女神是"永恒之女性"（Eternal Feminine）的化身，即使不是在日常生活中，最少在宗教领域里支配着男性。在基督教时期，当这座神庙被改造成基督教教堂时，主要的建筑特征被保留了下来，如那个巨大的楼梯，但这座建筑逐渐成为宏伟的圣西奥多大教堂。对此，后面我还要更详细地讲述（图版十三 2）。

接着是阿尔忒弥斯神庙的精致入口，阿尔忒弥斯是杰拉什的保护神，在罗马时期，其希腊语名字后面加上了"福尔图那"（Fortuna），意味着她是这座城市的好运之神。这个入口的设计表现出惊人的胆识和能力，拥有精湛技艺的所有微妙之处，就像我们在罗马帝国时期希腊罗马建筑的错视组合中所看到的那样。神庙的正门是从与之成直角的廊柱大街进入的。从河的另

图版十二　杰拉什

1. 杰拉什的主要街道。后面的山上是阿尔忒弥斯神庙

2. 廊柱大街的一部分

图版十三　杰拉什

1. 水神庙（主要街道上的纪念喷泉）

2. 圣西奥多大教堂的入口（以前是异教神庙的入口，这个神庙旁边是阿尔忒弥斯神庙）

一边过来的路也通向廊柱大街，这条路先是过桥，然后通过一个狭窄的长方形庭院，庭院周围是科林斯式立柱。高大的大门将这片区域与另一个更宽阔的庭院连接起来，后者的形状构成一个等腰梯形。它较长的一边面对着廊柱大街，上面有一座由三个拱门通道组成的凯旋门。第二个庭院构成一幅真正意义上的错视画，是错视建筑的精彩之作，一切都倾向于强调拱门的壮观线条。这条路从凯旋门下面穿过，然后通到山门。在基督教时代，位于街道和河流之间的所有建筑都被改造成圣普罗科匹乌斯（St. Procopius）教堂，但是原始结构的基本轮廓仍然清晰可见。

　　这个山门被霍斯菲尔德巧妙地修复了（图版十四 1）。上面基本线条简洁优雅，使其极具特色，虽然其设计很简单，并且绝非原创。山门是一个雄伟的三重拱门，那里有一个巨大的笔直楼梯通向外城台的入口。在这里，设计方案得到了完美的执行，虽然山门已经被破坏，依然能够让观者叹为观止，只要他的注意力能够从纯装饰性的细节转移开来。然而在错视建筑中，就连这些细节也是必不可少的，因为它们为建筑提供了必要的光影效果。要充分认识到建筑的价值，我们必须首先了解建筑师是如何成功解决其最困难的问题的，那就是怎样在阶梯状的地面上把这些不同时期和风格的建筑组合到一起。

　　成百上千的人从山门经过，因为他们要去祭拜这个城市的守护女神阿尔忒弥斯。每一位杰拉什居民——无论男女老幼，无论贫富贵贱——以及随着商队定期而来的旅行者和商人；无论是重要的商队领导者，还是赶骆驼和驴子的人，无论是自由人还是奴隶，都去向他们的女神致敬，到她纯净的泉水中沐浴，在她的面前洗去身上的罪过，向她献上他们的供物并许下愿望。

　　这些建筑三个立面之间的空间被石头建成的两层楼高的大商店所占据，名副其实的一个伯灵顿拱廊街。所有的商店都背靠神庙和小剧场（后文会有讲述）的露台而建；所有的商店都是统一的。显然，这个购物中心一定是城市的财产，这些商店的租金一定为其财政增加了一笔重要而稳定的收入。

　　毫无疑问，阿尔忒弥斯神庙是一座十分壮观的遗迹，因为时至今日，它的12根圆柱仍然矗立在原地，顶部是保存完好的科林斯式柱头（图版十四 2）。对于环绕着外城台的柱廊，倒下来的柱子很容易重新竖立起来，因为它们全都躺在地震把它们震倒的地方。神庙下面是一个巨大的地窖，现在里面有一个博物馆，收藏的是来自这一遗址的建筑和铭文材料。尽管这些遗迹保存得很好，但对我们来说这座神庙仍然是个谜，辉煌而神秘。它是什么时候建成的？谁建造的？怎么建造的？在这个商队城市建立之前，这里就是一个神圣之所吗？也许有一天，去年开始的挖掘工作将为所有这些问题提供答案。现在我们唯一可以肯定的是，神庙的山门实际上建于公元150年。

这些就是这座城市的主要轮廓。和佩特拉一样，罗马时代杰拉什的辉煌发展在很大程度上要归功于商队贸易，其地面规划有意无意地面向商队。镇上的其他一切都是次要的；毫不奇怪，时间抹杀了其中大部分。然而，矗立在阿尔忒弥斯神庙后面的那一组建筑物仿佛是神庙的附属建筑，似乎更加重要，它由一个封闭的剧场组成，剧场前面有一个奇怪的广场。在罗马时代，这可能是一个广场，平民和元老在此集会。这里也可能是举行宗教仪式和表演具有仪式性质的神圣音乐和舞蹈的集会场所。这个地方很像杜拉的阿尔忒弥斯神庙（我将在后面描述），尽管这里的一切规模都要大得多。

这就是克里索罗斯河西岸的情况。东岸由两座石桥与西岸相连，其地形并不清晰。那里的遗迹从来都不重要，现在几乎所有的痕迹都被高加索人移民建在上面的村庄给毁了；他们在1860年移居土耳其，1878年被运到杰拉什，其中有一两个还会说俄语。似乎城市这一区域不太可能有古老的希腊化城市的建筑，而更有可能是对岸主要城区的延伸，这里有住宅、郊区和一些实用的建筑。即使在现在，一个大型豪华浴场的遗迹仍然存在，但这个浴场远没有西岸的那个豪华。

和古代世界的所有城市一样，在杰拉什活人生活的城市背后，还有一个同样壮观的城市，这是一个亡者之城，到处都是引人注目的纪念碑。在这里描述它们是没有意义的，因为它们既不像佩特拉或帕尔米拉的那样奇特，也没有那么美丽。然而，如果没有它们，这个城市就显得不完整了，因

图版十四　杰拉什

1. 通过大阿尔忒弥斯神庙的纪念性山门

2. 阿尔忒弥斯神庙的前面

为它们是来自大马士革或巴勒斯坦、费拉德菲亚或布斯拉，或德卡波利斯（Decapolis，古代巴勒斯坦地区）其他城市的旅行者首先遇到的建筑。神庙和小礼拜堂，巨大的石棺，沉重底座上的阶梯状金字塔，岩石上凿出的外立面，这些依次精彩呈现，或许它们让游客对生者之城的宏伟有了思想准备。

杰拉什最奇特的遗迹之一就坐落在这些坟墓之中，它是墓地北部的一个巨大水池，许多泉水流入其中，无疑这是这座城市的主要水源。不像古代世界许多其他城市的蓄水池，它是一个开放的水库，就像在今天的美国能够看到的那样（图版十五 1）。这个水库里的水通过一个水闸进入一个渡槽，流入所谓的大马士革门以西的城市。然后，它转到阿尔忒弥斯神庙建筑群的后面，在上文描述的大街上美丽的水神庙结束。水库被一道横墙分成两个不相等的部分。水库南端附近的所有建筑最近被费舍尔博士挖掘出来，但这方面依然还有一些问题。

水库的南侧有一个平台，在滨水的一侧被柱廊环绕。在平台的另一边是一个小剧场，可以容纳大约1000名观众（图版十五 2）。平台的南面入口有一个拱形门，在它附近，很久以前发现了一块巨大的石头，上面有一段很长的希腊铭文，我后面马上会谈到。可以注意到，如果这个剧场实际上有一个正常舞台的话，从剧场的座位上就看不到水库了。费舍尔博士在有关挖掘工作的报告中说，即使舞台非常低，"坐在半圆形礼堂最边上的人也很难看到下面可能发生了什么"。

如果没有上面提到的铭文（这是公元535年的一篇希腊文本），我们永远也猜不出这些建筑物的性质。然而，这段铭文清楚地证明了五月庆典狂欢节就是在这里举行的。这是叙利亚异教徒最著名的宗教仪式之一，尤其受到基督徒的厌恶，因为在这个仪式上，裸体女性会在一群观众面前被仪式性地淹没在水中。这些观众坐在一座剧院式的神庙里，而这种神庙是叙利亚所特有的。

这一仪式的所有要素似乎都在水库的尽头展现在我们面前，而且在我们的脑海中重现这一活动似乎很容易。事实上，对于这种仪式，我们可以在脑海中形成一幅非常生动的画面，因为它一定是在这个地点举行的，以纪念杰拉什的守护女神。但遗憾的是，去年挖掘工作的结果使人们很难相信建造这个小剧场的目的是为了观看发生在水库中的这一仪式。因为就像我说的那样，从剧场的台阶上可能看不到水库里发生了什么。因此，我们必须得出这样的结论：如果在杰拉什举行的这种宗教仪式与剧场有关，那么它就不可能与水库有关；或者，反之亦然，即如果这种仪式是在水库举行的，那它就和剧场没有任何关系。挖掘会催生许多假设，但也可能会推翻很多假设。

这就是杰拉什在罗马帝国早期的总体情况。我们对居民的生活所知甚少。城市里的许多铭文使我们能够重构其某些建筑物的历史和对其神灵的崇拜，但总的来说，从这些铭文中，我们只能了解关于城市居民的一些无关紧要的、不太有趣的事情，这些都是在罗马帝国的其他城市司空见惯的。

然而，如果仔细研究铭文，确实会发现一些东西。例如，我们知道，这座城市并不完全是希腊式的。事实上，希腊人被当地的闪米特人和越来越多的阿拉伯人和犹太人淹没了。因此，尽管从外表看这个城市是希腊式的，但是它的基础是阿拉伯式的，它的宗教也是如此。

无论是在杰拉什，还是在佩特拉，铭文证据都没有把城市的繁荣归因于商队贸易，因为古代的铭文很少提到这种平淡无奇的事实，但是帕尔米拉的铭文是例外。杰拉什的整体面貌或其遗迹的特点也不会让我们意识到，这座城市曾经居住着商队商人。在佩特拉和帕尔米拉却不是这样，在这两个地方，整个地面规划都是一个典型的商队城市。

尽管如此，我坚信杰拉什是一个商队城市。几天的认真研究证明了这一点。因此，当我们看到贫瘠的土地、植被和矿藏时，很明显，只有过境贸易才能使它获得建造我刚才所描述的建筑物所必需的财富。这些建筑的钱来自居民的口袋，他们几乎没有得到外部的财政援助，因为不太可能有哪个皇帝会为美化这座城市出资。如果一个皇帝帮助某个特定的城市，背后总是有特殊的原因。例如，菲利普对邻近的卡纳萨很感兴趣，但是别忘了，他生来就是一个阿拉伯人。再例如，塞普提米乌斯·塞维鲁（Septimius Severus）曾把非洲的莱普提斯（Leptis）建成了他的梦中之城，但他就是当地人，深爱着这个城市。杰拉什没有这样的好运。只有商队贸易才能提供建造这座城市的美丽建筑所需要的巨额资金。这一事实十分重要，那些致力于研究古代经济史的人必须将其考虑进来。这让我们清楚地了解到商队贸易的费用和从中获得的利润有多大。

当杰拉什变成一座基督教城市，当强大的阿尔忒弥斯被变成一个邪恶的恶魔，早期罗马帝国的杰拉什的基本轮廓并没有发生变化。其外观无疑发生了变化。一个接一个十分宏伟的建筑被改造成基督教教堂，即使在公元3、4世纪被忽视和破坏的时期也是如此。这些早期的教堂又小又简单，根本无法与异教徒的遗迹相比，但是到了公元5、6世纪，特别是查士丁尼统治时期，基督徒们为自己设定了一项任务，那就是要建造一个至少和以前一样辉煌的新杰拉什。

就这样，在阿尔忒弥斯神庙的旁边，就在她那战神丈夫神庙的废墟上，武士圣人西奥多的大教堂拔地而起。大教堂的入口、巨大的楼梯、令人赞叹的画作、精美的镶嵌画和雕塑，实际上不过是基督教对早期异教神庙的模仿，但最近发现的一个建筑细节非常特殊。这就是有趣的庭院，也是这里逐渐形成的复杂建筑的"神经节"。

这个庭院位于公元5、6世纪建造的教堂和一个面朝马路的教堂之间，后者是一幢更早的建筑，可能建于公元4世纪。一个十分精美的喷泉矗立在中心，一个精致的楼梯从庭院通向后建的教堂。在喷泉的前面，也就是后来那座教堂的后殿后面，立着一个主教的宝座。很明显，这里设置了一个基督教风格的出水口，以取代早期的异教徒喷泉。但我们可以追溯到更远的地方，因为在塞浦路斯主教埃皮法尼乌斯（Epiphanius）于大约公元475年创作的《帕那里昂》（Panarion）中，有一段讲的是基督教世界的奇迹。他提到在耶稣于加利利的迦拿行奇迹的那一天（和主显圣容节重合），很多地方的泉水会变成葡萄酒，其中就包括杰拉什，据说这一奇迹是在"殉教纪念堂"

（Martyrium）发生的。毫无疑问，基督教的奇迹就发生在从前异教徒举行秘仪的地方，而且很明显，在异教徒时期，类似的奇迹也曾发生在阿尔忒弥斯神庙内部或者其附近。[1]

圣西奥多大教堂并不是杰拉什唯一的基督教建筑。甚至在我们开始挖掘之前，就已经发现了另外三座教堂，所有这些教堂我们都仔细研究了。我们发现它们都可以追溯到公元6世纪，也就是说，可以追溯到查士丁尼时代。我们还发现了另外六个教堂和一个犹太教堂（在最后一个中我们发现了描绘大洪水的地板镶嵌画）。事实上，要是有一大块石头标记的遗迹，只要一铁锹下去，就能挖到一座基督教教堂。所有这些教堂都是同一时期的，正是在查士丁尼的统治下，杰拉什才完全被基督教化。此时它似乎相当富有，虽然所有的教堂都是用从异教徒的建筑物上取下来的石头建造的，但是所有的室内装饰都是新颖独特的。曾经装饰室内的所有绘画及墙上和天花板的镶嵌画现在都消失了，但我们有地板镶嵌画的碎片。其中两幅镶嵌画对历史学家和考古学家尤其重要，因为它们的边缘，旁边写着古城镇的名字。这些景观大多数已经消失了，但是由于命运的特殊眷顾，其中两幅幸存下来的画描绘了同样的场景，即宏伟的亚历山大里亚和它著名的法罗斯灯塔。在亚历山大里亚旁边描绘的是孟菲斯。

我不会讨论这些镶嵌画对拜占庭艺术史的重要性，也不会讨论它们对拜占庭时期亚历山大里亚和孟菲斯地形研究的重要性；克劳福特先生已经探讨过这个问题，是他幸运地发现了这些镶嵌画。然而，值得注意的是，孟菲斯和亚历山大里亚这两个城市的景象偶然得以保存，而它们分别代表了埃及文化的黎明和终结。在查士丁尼的时代，两者显得同样重要，这并不是因为它们是多个世纪历史传统的传播者，而是因为它们承载着一种新的文化，即基

---

1 我们必须记住，在阿拉伯北部的这些地区，与阿尔忒弥斯对等的是男神杜莎拉，他是生育之神，希腊人认为他就是狄俄尼索斯。杰拉什人称杜莎拉为"阿拉伯神"，在这里，他受到的崇拜几乎和对宙斯及阿尔忒弥斯的崇拜一样强烈。那里已经出土了三篇献给他的献词。我们可以很好地假设，在他的雕像和浅浮雕中，杜莎拉可能不仅以狄俄尼索斯的形式出现，而且还是一个战神。这就解释了为什么到了基督教时代会在他的神庙里建立对武士圣人的崇拜。

图版十五　杰拉什

1. 城外的大蓄水池

2. 建在大蓄水池上方山丘斜坡上的剧场，关于五月庆典狂欢节的铭文就是在这里发现的

督教帝国的文化。作为一个时代的象征和标准，我们在这些建筑中看到的并不是过去的宏伟建筑，而是基督教崇拜的宏伟神殿。这些不仅是过去文化的继承者，还是一种全新文明的代表。圣西奥多大教堂以及城内其他许多教堂在杰拉什的地位，相当于圣索菲娅教堂在君士坦丁堡的地位，梵蒂冈教堂、拉特兰教堂和圣母大教堂在罗马的地位，精美的大教堂在亚历山大里亚和孟菲斯的地位。

东方令人称奇的强大，令人称奇的充满活力，希腊的异教文明在杰拉什繁荣了数百年，最后希腊基督教文化取而代之。然而，在波斯的奥尔穆兹德（Ormuzd）和穆罕默德一波又一波的冲击之下，这些看上去十分稳定的古希腊建筑很快就灰飞烟灭。新月旗出现在地平线上，不久就支配了异教徒和基督教城镇的遗迹，它们的圆柱和柱廊慢慢地坍塌了。

第四章　帕尔米拉和杜拉

　　和印度阿拉伯的商队路线一样，波斯帝国从印度和伊朗通往巴勒斯坦、叙利亚或小亚细亚的商队路线上也形成了自己的城市。其中最古老的城市包括大马士革、卡玛、霍姆斯和阿勒颇，所有这些城市都很著名，因为它们不仅在古代很繁荣，而且今天仍然是重要的商业中心。很久以后，在希腊化时期，塞琉西亚在底格里斯河岸边兴起，再后来，幼发拉底河流域与叙利亚和腓尼基富饶的田野、树林和港口之间帕尔米拉在沙漠的中心地带崛起。与塞琉西亚同时，杜拉出现在幼发拉底河中游，虽然它的重要性和财富永远无法与上述城市相匹敌，但它的历史意义与这些城市一样大。

　　叙利亚最古老的商队城市的历史有些模糊不清。首先，它们从来没有被挖掘过，今后也很少会被挖掘，因为其中的大多数今天仍然是繁荣的商业城市。在巴比伦或亚述时期的文字记录中，关于它们的内容很少，也从来不是比较研究的主题。可以追溯到波斯和希腊时代的文献更加稀少，现存的少数文献则历史意义不大。塞琉西亚、杜拉和帕尔米拉这三个以希腊化和罗马文化为特征的商队城市则大不相同，因为现在它们的地形和遗迹正逐渐进入人们的视线。塞琉西亚是一个商队城市和大型河港的混合体，杜拉是一个商队城市和边境要塞的混合体，而帕尔米拉仍然是罗马时代叙利亚沙漠中最大的商队中心。塞琉西亚目前正在进行科学挖掘，但现在讨论这项工作的结果还为时过早。关于杜拉和帕尔米拉，已经有很多资料，因为在杜拉，系统的挖掘现在已经进行了七年；而在帕尔米拉，那些非凡的圆柱总是能对所有看过的游客产生浪漫的吸引力，因此这里最近已经或多或少成为系统考察的对象，起初由一支丹麦私人探险队负责，现在由叙利亚政府主持。因此，杜拉和帕尔米拉的历史和地形变得越来越清晰，现在已经有可能指出几个基本的事实，这些事实一旦确定，将有助于未来探索者的工作。

我已经强调了这样一种可能性：在早期，来自幼发拉底河和底格里斯河的低地或波斯高原的商队在向北和向西行进时，要么穿越叙利亚沙漠，要么绕过它，沿着幼发拉底河北上。即使在当时，这些商队很可能已经把幼发拉底河和大马士革之间丰富的硫黄泉，以及周围的绿洲，作为他们向西行进时的歇脚点。在这样的一眼泉水附近，一定在很早的时候就建了一座神庙，很快，在它周围就形成了一个村庄。《圣经》中称这个村庄为达莫，后来被命名为帕尔米拉，成为拥有这片绿洲的部落的中心。然而，仅有部落中心、泉水和绿洲并不能把一个村庄变成商队城市，为此目的，必须有货物交换的设施和舒适的休息场所。达莫并不是一个商队城市，它不具备成为商队城市的必要条件。此外，位于沙漠边缘的大马士革、卡玛和霍姆斯等较老的商队城市已经是贸易中心，不会容忍这个对手的存在。因此，达莫或者说帕尔米拉要发展成为商队城市还需要一段时间。

保护幼发拉底河商队路线的要塞可能从很早的时候就存在了，杜拉可能就是其中之一，因为亚述有几个要塞城市都是这个名字，它源于亚述语中的"duru"，意思是要塞或城镇。

我们对前希腊化时期的达莫或帕尔米拉知之甚少，对杜拉更是一无所知。杜拉这个名字最早出现在史书上是公元前280年，亚历山大在叙利亚的继承人塞琉古手下有一位名叫尼卡诺（Nicanor）的将领，他在这里建立了一个要塞和马其顿士兵的殖民地，并称其为欧罗普斯（Europos）。如果我们考虑一下促成这一行为的原因，就会发现，杜拉-欧罗普斯不可能独自出现在幼发拉底河岸边，它肯定是马其顿一长串要塞殖民地之一，其目的是为了保护沿幼发拉底河的路线和河流最容易通过的地方。这条路线对塞琉古人非常重要。他们一边统治着伊朗，另一边统治着小亚细亚，而这条路线连接着他们在底格里斯河上的巴比伦都城塞琉西亚和奥伦提斯河上的都城安提阿。如果没有这条路线,希腊叙利亚和小亚细亚之间的交往,以及塞琉古王国的中心和它在东方富有的波斯行省之间的交往都将变得不可能。因此,塞琉古王朝自然不仅努力使这条路线绝对安全、不受游牧民族的入侵,而且要把它希腊化,并在其上建立希腊要塞和殖民地。

就这样,杜拉被建立了,并且正是因为这个原因,它的建立者在这里驻扎了大量的士兵,而他们同时也是富裕的地主。文献告诉我们,杜拉的土地被这些殖民者瓜分,其中一部分种的是葡萄,但到目前为止,在那里的挖掘并没有揭示这些土地和葡萄园的确切位置。这里提到的土地可能位于幼发拉底河的左岸,这里至今仍是灌溉良好的肥沃土地;也有可能是在右岸,也就是杜拉所在的位置。今天,杜拉附近的土地一部分是沙漠(城墙后面的高原),一部分被野生红柳树林所覆盖(河流沿岸的冲积带)。很可能在古代并非如此。城墙外有一个专门的围场,显然是为居民的牛和商队的驮畜而设的,这表明在降雨量更多的过去,城市后面的沙漠高原可能曾经是良好的季节性牧场。另一方面,沿河冲积带的贫瘠可能主要是由于居民的惰性和对灌溉系统的忽视,这里的灌溉系统可能很早就存在了。在河的上游和下游,杜拉附近的冲积土地上仍然存在着一些运河的痕迹,事实上,当地人至今仍然在耕种河流上游大片类似的土地。

无论它的创建原因是什么,可以肯定地说,早期的杜拉并不是一个大型的商业中心。那时,幼发拉底河商队的主要路线不像今天这样,经过叙利亚沙漠到达沙漠边缘的城市,再从那里到达叙利亚和腓尼基,而是沿着更向北的方向走。其中一条路线从安提阿出发,经过阿帕梅亚—宙格马(Apamea-Zeugma),在这里渡过幼发拉底河,然后在河的左岸向东南方向行进,然后在尼科弗里乌姆(Nicephorium)再次渡河。另一条路线经过阿勒颇,可能和今天的路线大致相同——没有穿过幼发拉底河,在尼科弗里乌姆与第一条路线会合。这两条路都沿着幼发拉底河的右岸向南,直到底格里斯河上的塞琉西亚。连接小亚细亚和美索不达米亚到叙利亚的许多道路,要么在安提阿,要么在埃德萨。

到目前为止，还没有提到帕尔米拉；我们所知道的是，那段时期大马士革并不繁荣，哈马和霍姆斯可能也是如此。当我们想到穿越叙利亚沙漠通往大海的路线比北部的路线更短，因此更便宜时，会觉得这个事实很奇怪，然而塞琉古王朝放弃这些道路的原因是显而易见的。前者经过大马士革到达腓尼基，而那时腓尼基在托勒密王朝手中，并且他们也控制着大马士革。托勒密王朝是塞琉古王朝的主要对手和敌人，因此，我们在这个时期没有听到有关帕尔米拉的任何消息，而在地理上与帕尔米拉如此紧密相连的杜拉也不过是一座要塞和一个农业殖民地，经过的商队只在城墙内做很短暂的停留，这也就不足为奇了。

这是公元前3世纪和前2世纪初的情况，当时塞琉古王朝十分强大，他们继续控制着美索不达米亚和伊朗。安条克三世从托勒密王朝夺取了腓尼基和巴勒斯坦，这一定带来了某些变化。此后，通过叙利亚沙漠的贸易有可能被恢复，从而给大马士革带来一段新的繁荣时期。但是，我们对这一切所知甚少，我们可以假定：总的来说，局势并没有发生改变。

在东方，美索不达米亚和伊朗不断变化的局势带来了更重要的事件，即伊朗的复兴和帕提亚王权的形成和迅速发展。在这方面，我们的了解仍然是不完整的、片面的，因为我们所有的信息先是来自希腊人，然后是来自罗马人，而两者都对他们充满敌意。希腊人和罗马人认为帕提亚人是披着希腊文化外衣的野蛮人。帕提亚人自己没有提供任何关于他们的信息。他们的硬币只是为我们提供了一个年表。他们的铭文保存下来的很少。帕提亚的历史传统只有一次被一位名叫庞培乌斯·特罗古斯（Pompeius Trogus）的古典作家所利用，他在讲述米特里达梯（Mithridates）的抱负和人格时提到了这些。尽管帕提亚人的宫殿和要塞仍有许多遗迹存世，但考古学至今也未能对他们有多少了解。除了哈特拉（Hatra）之外，所有这些遗迹都位于更古老城市的遗址之上；在试图尽快进入较早的地层时，挖掘人员往往认为帕提亚人的遗迹只是一些令人厌烦的障碍，会简单粗暴地将其处理掉。

然而，近来人们对帕提亚人和他们的继承者萨珊人开始产生兴趣，因此，人们开始关注属于帕提亚人的这一层，考古资料也相应地增加。因此，我们看到了沃尔特·安德烈（Walter Andrae）在阿舒尔（Ashur）的考古工作，他仔细挖掘了一个有防御工事的帕提亚宫殿。他还对哈特拉进行了科学研究并发表了研究成果。哈特拉是美索不达米亚沙漠中一座奇特的城市，离底格里斯河中游不远，曾经是一个强大的阿拉伯王国的首都，而这个王国是帕提亚国王的附属国。密歇根大学的一支考古队正在对塞琉西亚遗迹展开挖掘，并仔细记录了他们对帕提亚时期的考古发现。在伊朗，奥雷尔·施泰因（Aurel Stein）爵士、萨雷（Sarre）和赫茨菲尔德（Herzfeld）的偶然发现不时地给伊朗的帕提亚时期带来一些模糊的线索。但这只是一个开始，帕提亚仍然是一个谜。

然而，我们不能无视事实，因为不可能从古代世界的历史上排除帕提亚。如果阅读希腊和罗马历史学家的作品，尤其是塔西佗和卡西乌斯·狄奥（Cassius Dio），人们看到的是同样的一个帕提亚：虚弱不堪，饱受内乱之苦，这里的居民都是蛮族人，他们是希腊文化的敌人，统治者也是尚未开化的国王，他们残忍、软弱而怯懦。

然而，我们发现早在公元前3世纪，帕提亚就能够统一伊朗的一部分地区，并在一定程度上重建波斯帝国，而波斯帝国的传统刺激着它，成为它的指路明灯。我们发现，在塞琉古精明强干的继承者中，没有一个曾经成功地打破帕提亚或重新占有伊朗。相反，帕提亚的势力稳步扩张，印度的一部分成了帕提亚人的领土，所有的伊朗土地都向它倾斜；它稳定地向西伸展，在公元前2世纪的下半叶，整个美索不达米亚都落入它的手中。有人可能会说，塞琉古王朝十分软弱，并忙于其他事情，但即便如此，我们也必须记住，由庞培、克拉苏或安东尼率领的罗马人也从未征服过帕提亚，尽管这些将军们勇猛无比。似乎就连恺撒的军团也不能征服帕提亚，或者至少不会长期占有，因为所有在他之前和之后的人没有一个成功的。对这一事实只有一种解释是可能的，即帕提亚肯定是一个强大而有文化的国家，其结构坚固而不失灵活（对此我们知之甚少），并且它有一种独特的创造性文明，我们甚至不知道它的轮廓。因此，深入系统地研究为数不多的、能让我们了解帕提亚全貌的遗迹非常重要。杜拉和帕尔米拉将被列入这些遗迹之中，对于它们，我们将在后文做更多的阐述。

人们已经注意到，在公元前3世纪末和前2世纪初，帕提亚向西扩张得越来越远。安条克三世和安条克四世竭尽全力要挫败帕提亚的西部扩张，前者通过对帕提亚发动战争，后者通过对更为重要的幼发拉底河沿岸城市进行更加彻底的希腊化。此后，我们发现美索不达米亚一点一点地落入帕提亚人之手。大约在公元前140—前130年，下美索不达米亚已经成为帕提亚人的囊中之物，在后来的许多世纪里，它一直掌握在帕提亚人手中。

在公元前2世纪末或前1世纪初，杜拉成为帕提亚王国的一部分，并成为帕提亚要塞的所在地。也许有人会问杜拉是否同时成为商队贸易中心、帕尔米拉作为商队城市的发展是否可以追溯到同一时期，如果我们考虑到这一时期在幼发拉底河上游爆发的混乱，这种可能性似乎就更大了。

这里我要提醒读者一些事实。正是在这个时候，奥斯若恩（Osrhoene）才成为一个独立的国家，以埃德萨为首都，被一个当地的王朝所统治，其国王都有阿拉伯名字，其中最受欢迎的是阿布加尔（Abgar）王朝。埃德萨后来在基督教史上变得很有名。奥斯若恩的邻邦科马吉尼（Commagene）也采取了同样的做法，成为一个拥有半伊朗文化和半伊朗统治家族的独立国家。尼姆鲁德-达格（Nimrud-dagh）神庙的雕塑和碑文让我们对这个半希腊化小王国的特征和历史有了很好的了解。不久之后，古老的埃米萨（今天的霍姆斯）成为一个独立的王国，由伊图利安王朝实行统治，其中大多数国王的名字叫桑普西格拉莫斯（Sampsigeramos）。同样，我们听说大约是在同一时间，一个名叫莫尼克斯（Monikos）的阿拉伯人"建立"了"黎巴嫩南部"的哈尔基斯（Chalcis）。很可能赫里奥波利斯（Heliopolis，今天的巴勒贝克）就属于这个阿拉伯王国，这个城市后来成为一个富有而繁荣的罗马殖民地。建造于罗马时期的美丽神庙遗迹尚存，吸引着成百上千的游客。这些神庙是敬献给北叙利亚神灵阿塔加提斯和哈达德的，在埃德萨，这两位神灵受到同样的崇拜。到了不久之后的庞培时期，哈尔基斯成为短命的伊图利安王朝王国的首都之一，这个王国是由希腊人米纳亚斯（Mennaeus）之子托勒密建立的。

一些阿拉伯小国不仅在面积和人口上，而且在作为强盗和土匪方面，都与这些大国一样有效。此外，在公元前1世纪的某个时候，纳巴泰商队王国将其统治延伸到了大马士革。也许正是因为这样，帕尔米拉才与纳巴泰人的主要商队路线联系到了一起。这些事件一定使后来的塞琉古人和帕提亚人通过沙漠、通过杜拉和帕尔米拉进行交流变得更加有利可图。

尽管如此，对杜拉和帕尔米拉来说，公元前2世纪后期和前1世纪早期并不是一个繁荣的时期。事态的发展趋势仍不明朗，与叙利亚的战争几乎没有间断过。帕提亚狂热地想征服叙利亚，而希腊主义对它的进攻表现出顽强的抵抗。这样的条件并不利于幼发拉底河商队路线的繁荣，正如我们已经指出的那样，它的暂时衰落导致了佩特拉的崛起。如果不是塞琉古传统的继承者、希腊文化在叙利亚的强大支持者罗马伸出援手，希腊文化肯定无法抵挡伊朗的攻击。罗马的第一步是摧毁黑海的米特里达梯王国，然后阻止伊朗在小亚细亚的扩张。

在吞并叙利亚的过程中，庞培的目标是建立一座大坝，以抵御来自伊朗方向的、企图淹没叙利亚的浪潮。漫长而激烈的战争爆发了，这让我们想起克拉苏和卡莱战役，让我们想起安东尼，因为二人都没能征服帕提亚。在安东尼时代（公元前41年），我们第一次听说帕尔米拉，它已经成为一个非常富有的商队贸易中心，足以激起这位将军的欲望，但是还没有牢牢确立，因此这里的居民携带他们的财产逃往幼发拉底避难，可能到了杜拉。帕尔米拉的这种局势与我刚才所说的并不矛盾，因为即使是无政府状态也不能扼杀商队贸易，在这个混乱的地区，对于仍然从帕提亚前往叙利亚的少数商队来说，最安全的路线是穿过沙漠、途经帕尔米拉。商队就是沿着这条路行进的，帕尔米拉也在继续发展，但在它真正繁荣起来之前，许多变化仍然是必不可少的。无论如何,正如最近的发现所显示的那样,早在公元前32年,帕尔米拉就为它的大神庙奠基。

克拉苏的失败和随后的死亡,以及安东尼的失败,清楚地向那些愿意承认的人表明,在幼发拉底河地区用武力无法取得任何成效。罗马人逐渐意识到征服帕提亚是一项昂贵而复杂的事业,甚至连罗马帝国都无法想象。然而,帕提亚人必须认识到,罗马永远不会把叙利亚割让给他们。事实上,这两个国家都不可能指望获得对整个叙利亚和美索不达米亚的永久控制权,而且双方都承认有必要在幼发拉底河上实现和平,因为那里集中着对双方都至关重要的商业利益。因此,妥协和达成某种理解变得至关重要,这一点奥古斯都很清楚。因此,他的外交官们能够完成共和国时期的将军们未能完成的任务。他们鼓励恢复横跨幼发拉底河的商队贸易,恢复了叙利亚和伊朗之间延续了几个世纪之久的交往。奥古斯都发行了一批硬币,以纪念帕提亚人归还从克拉苏手中俘获的罗马军旗和战俘,这是这项政策的一个重要特点,因为实际上,这是在庆祝幼发拉底河上罗马和平的暂时建立,还有随之而来的幼发拉底河商队贸易的复兴。

在未来的某一天,有可能在帕尔米拉的遗迹中发现一些文件,能够像托勒密七世(尤尔盖特斯二世)和帕加马的阿塔罗斯三世(Attalus III)的遗嘱那么重要,前者是最近在昔兰尼(Cyrene)发现的,后者是从帕加马的铭文中得知的,所有这些都证明了罗马外交的胜利。我的意思是,这些文件确立了帕尔米拉相对于两个敌对帝国的中立地位,并为它作为商队城市的辉煌发展奠定了基础。这些文件不太可能以帕提亚和罗马之间明确条约的形式出现。我们宁愿看到奥古斯都写给他的叙利亚使节的信,以及帕提亚国王写给他的美索不达米亚总督的信,这些信件可能陈述了罗马和帕尔米拉之间以及帕提亚和帕尔米拉之间达成一些谅解的条件。无论这种通信的形式是什么,它的影响是不容置疑的,因为它一定使帕尔米拉成为一个中立的、半独立的城市,帕提亚和罗马这两个敌对国家的货物在这里得以交换。为了使贸易繁荣起来,两个大国必须保证帕尔米拉的自由和安全,很可能他们都承诺保卫帕尔米拉的边界，保护这座城市，同时同意承认他们自己在帕尔米拉建立的政府形式。

正是这种理解让帕尔米拉以惊人的速度发展成为叙利亚最富有、最奢华、最优雅的城市之一。达莫村那座看上去很小的、朴实无华的古老神庙迅速地发生了变化，人们几乎可以想象，它是在一根魔杖的挥动下从沙漠中冒出来的。在奥古斯都和提比略时期，它已经是叙利亚最重要的圣所之一，可以与这个行省当时存在的任何一个神庙群相媲美。

穿越达莫村的商路在帕尔米拉成为罗马叙利亚所有城市中最宏伟的大道之一。几百根圆柱排列两侧，四门塔横跨其上，街道穿插其间，露台争奇斗艳。在商队停靠的泉水附近，人们从沙漠中夺取土地，建造了精美的房子，将这里变成一个繁忙的中心，城市的商业和政治生活围绕着这个中心发展起来。与此同时，最早的墓葬纪念碑开始出现，帕尔米拉最古老的墓志铭可以追溯到公元前9年。此时，帕尔米拉的商人们已经用完了附近所有稀少的硫黄泉，他们把方圆数英里沙漠地下所有的水都带到了这个迅速发展的城镇。

这时的杜拉是什么情况呢？我们知道，在公元164年罗马人占领这座城市之前，杜拉一直是帕提亚人的要塞，这里驻扎着一支强大的驻军，由帕提亚总督统治，他控制着这座城市的生活。因此，尽管这里的人口一直是马其顿人，并继续讲希腊语，但他们却变得越来越伊朗化，实际上他们和此时俄罗斯南部的潘提卡彭（即刻赤）居民一样伊朗化。与此同时，杜拉的居民也被闪族化了，因为杜拉的大多数妇女都是闪族出身。然而，这座城市的文化仍然是希腊文化，夹杂着一点伊朗文化的因素，而不是希腊—闪族文化。

帕提亚统治的这段时期是杜拉最繁荣的时期。我前面已经说过，杜拉最初可能不过是塞琉古王朝的一个边境要塞，后来又变成了帕提亚人的边境要塞，这一事实可以解释其军事化的特征，例如高大的城墙和堡垒。随着帕尔米拉的建立，杜拉从一个简单的要塞发展成为从幼发拉底河到帕尔米拉的主要商队路线的起点。只要看一眼地图就会发现，杜拉是幼发拉底河最近的渡河地点。除此之外，我们完全有理由认为，它还是帕提亚在幼发拉底河上拥有的最北边的要塞，因此帕提亚人理所当然地让从帕尔米拉前往美索不达米亚和伊朗的大部分商队经过杜拉，并且也在这里接待那些返回帕尔米拉的人。杜拉的守军负责保护越过幼发拉底河通向西方、南方和东方的道路的安全，仅凭这一点就足以使商队的商人们经过杜拉，甚至在那里做或长或短的停留。

因此，杜拉的财富增加了。这里的马其顿地主发展成为黎凡特商人，为商队提供酒、油、面包、蔬菜、驮兽和其他各种必需品，并向所有在杜拉停留或使用杜拉资源的商队征收各种税。这些税与帕提亚人可能征收的主要关税不同。对遗迹的研究表明，公元1世纪的杜拉一定是一个富裕的大城市。它所有最宏伟、最精美的宗教建筑都可以追溯到这个时期。

其中包括阿尔忒弥斯-南奈女神（Artemis Nanaia）的神庙与阿塔加提斯和哈达德的神庙，以及与其配套的剧场和大量的雕塑和绘画；防御工事西北角敬献给帕尔米拉三位主要神灵的大神庙，里面有精美的壁画，由富有的公民出资所绘；在防御工事南部角落有一个神庙与其相呼应，里面有一个小神庙，供奉的是邻近村庄幼发拉底河上的亚拿特（Anath，今天的亚拿[Anah]）、好战的太阳神阿弗莱德（Aphlad）；最后是最近发现的一位当地阿塔加提斯——即阿尔忒弥斯-阿赞纳特孔纳（Artemis Azzanathkona）——的神庙，同样也有一个精美的剧场。所有这些都是在公元前1世纪的最后几年和公元1世纪建成的。

众所周知，奥古斯都及其后继者在公元2世纪初所采取的保持近东和平与安宁的明智政策发生了变化。我们不能在这里谈论图拉真，但重要的是要强调一个事实：正是他有意识地推翻了奥古斯都在东方的妥协和默许的政策，从外交转向战略，从谈判和条约转向征服战争。在这一点上，图拉真步恺撒和安东尼的后尘，因为和他们一样，他可能也相信自己有可能征服帕提亚，使整个文明世界再次成为一个统一的王国，就像亚历山大大帝统治时期一样。我们只是模糊地知道图拉真帕提亚远征的轮廓，但他的确曾一度从帕提亚手中夺取了美索不达米亚，并将其变成罗马的一个行省。

我们还知道，图拉真的两支军队在底格里斯河和幼发拉底河向南进军时，几乎没有遇到帕提亚人的抵抗。当一支军队步行或乘船沿着幼发拉底河而下时一定占领了杜拉-欧罗普斯，因为他们在杜拉附近的商队路建立了一个凯旋门。这个凯旋门的遗迹以前被认为是一个巨大的坟墓，是由耶鲁探险队挖掘和研究的。一小段拉丁语铭文的残片告诉我们，这座拱门是为了纪念图拉真而建造的。没有什么能比这更清楚地表明杜拉的军事重要性了。

帕尔米拉和杜拉的人民痛恨图拉真的征服。对帕尔米拉来说，罗马对美索不达米亚的永久占领并不是什么好兆头，因为它在帕提亚和罗马之间充当中间人的角色很快就要结束了，而它的财富和独立也将随之结束。它所面临的前景是成为罗马行省的一个普通城市，可能会由于与该地区古老的商队城市的无望斗争而穷困潦倒。因此，图拉真的政策尽管几乎没有影响到佩特拉，却差点给帕尔米拉造成真正的致命打击。

但是美索不达米亚并没有成为罗马的一个省，因为在那里和罗马帝国都不断地爆发起义，使图拉真没能实现对帕提亚的真正征服。在图拉真的帕提亚战役第一次受挫后不久，他就去世了，他的继任者哈德良恢复了奥古斯都的近东政策。因此，首先美索不达米亚，然后是杜拉都回到了帕提亚手中，帕尔米拉的焦虑得到了平息。就这样，哈德良成为帕尔米拉的新创始人，市民们很快就对他的行为表示感激，他们理所应当地自称是"哈德良的帕尔米拉人"。我们不清楚哈德良对他们的政策，但我们知道，在哈德良时期，这座城市不是普通的罗马行省城市，而是保留了很大的自治权。帕尔米拉征税记录中的一个事实证明了这一点，即关税并不是由罗马的地方行政官员决定和征收，而是由市议会自己决定和征收，而市议会很可能是受到了罗马顾问委员会的指导。无论是否存在这样一个委员会，人们的印象仍然是，尽管有哈德良的宽大对待，帕尔米拉与西方的接触更加密切。它变得比以前更加希腊化，它的宪法被强烈地希腊化，它的许多公民在历史上第一次成为罗马公民，并在他们的闪米特名字后面加上罗马姓氏（如乌尔皮乌斯和埃利乌斯之类的）。也许是在哈德良的统治下——或者稍晚一点，在马可·奥勒留的统治下，帕尔米拉最早被罗马守军占领，在帕尔米拉最大的神庙遗址发现的一些铭文（至今尚未发表）证实了这一事实。这些铭文有助于解释多年前在这座城市发现的某些类似文本。

在哈德良和其后几位继任者统治期间，帕尔米拉享有一段相当繁荣的时期，直到公元3世纪内战爆发。这座城市中大多数重要的建筑都是在这个时候建造的，而更多的墓塔是在公元2世纪建造的，尽管其中许多更重要的建造时间更早。宽阔的大街两旁的大部分圆柱都是在这个时期修建的，也可能就是在这个时候，帕尔米拉的领土变得非常广阔。正是从这些领土上，它为罗马军队提供了最好的弓骑兵，后来这些弓骑兵散落到罗马帝国各个地方。更重要的是当时帕尔米拉贸易的大发展，这里的商人不再满足于仅仅充当帕提亚和叙利亚商业城市之间的中间人。因为他们现在把商队一个接一个地送到帕提亚每一个更重要的贸易城市，他们在巴比伦、沃洛吉西亚（Vologesia）和条支（Spasinu Charax）都有代理人，或者更精确地说是贸易殖民地。在西方，帕尔米拉人已经走出了大马士革和腓尼基人的城市，在远远超出了东方边界的地方建立了他们的商业机构。在多瑙河岸边，在遥远的达契亚（Dacia），在高卢和西班牙，在埃及和罗马，我们都听到过他们的故事。在那里，在世界的首都，他们有奉献给他们自己神灵的神庙，神庙里装点着祭坛和雕像。

帕尔米拉贸易的发展，这些影响深远的商业联系，以及城市中大量金融利益的集中，都可以解释一个乍一看似乎很奇怪的现象，即它与佩特拉的密切交往。因为不仅帕提亚有些商队在前往佩特拉和埃及的时候会经过帕尔米拉（而不是穿越沙漠从南美索不达米亚直接到布斯拉），就连载着运往腓尼基港口的阿拉伯南部货物的佩特拉商队，其常规路线也是通过帕尔米拉而不是大马士革。这表明帕尔米拉不仅是一个商队城市，也是一个商队银行业和金融业的重要中心。

哈德良的继承者们断断续续地试图恢复图拉真的政策，并利用帕提亚王国所面临的困难，但这些都只是帕尔米拉后期历史上的事件。帕提亚王国现在正处于衰亡的前夕，它的权力很快就会移交给另一个王朝，即萨珊王朝；

其衣钵将由另外一支伊朗人部落来继承，即波斯人。图拉真死后，罗马人对帕提亚的第一次远征由马可·奥勒留的弟弟卢修斯·维鲁斯（Lucius Verus）指挥，这次远征的彻底成功要归功于阿维狄乌斯·卡修斯（Avidius Cassius）的才干。后来，卡修斯试图夺取罗马帝国的王位，但未能成功。这场战争导致了北美索不达米亚的臣服，而杜拉随之沦陷了。到了公元165年，这个前哨不再是帕提亚的要塞，而是被强大的罗马驻军占领。

这一改变并没有真正影响到杜拉，因为它仍然是一个商队城市。但很可能从这时起，频繁发生在幼发拉底河上的战争把相当数量的商队赶往其他路线，例如，从帕提亚商队城市直接穿过沙漠到达帕尔米拉，而不是沿着幼发拉底河而上。

从塞普提米乌斯·塞维鲁开始，征服幼发拉底河的政策就成为传统。塞维鲁本人是半个闪米特人，他是闪米特王朝的创建者。在他的继任者卡拉卡拉（Caracalla）、赫利奥加巴卢斯（Heliogabalus）和亚历山大·塞维鲁（Alexander Severus）执政期间，一些能干的女性发挥了领导作用。其中最重要的是塞维鲁的妻子朱莉娅·多姆娜（Julia Domna）和她的追随者朱莉娅·梅依莎（Julia Maesa）、朱莉娅·玛麦娅（Julia Mammaea）和朱莉娅·素伊米苏斯（Julia Soaemisas），她们都是希腊化的闪米特人，接受的是塞琉古传统的教育。她们梦想着一个拥有东方首都的罗马帝国，成为亚历山大大帝的希腊帝国的再生。她们的目标是征服帕提亚，但尽管此时的帕提亚已经日薄西山，塞维鲁和他的王朝都无法最终将其征服。和马可·奥勒留统治时期一样，形势陷入了僵局，罗马只保留了北美索不达米亚。尽管塞维鲁王朝尽了一切可能的努力，他们还是无法将南美索不达米亚加入他们的征服名单。塞普提米乌斯·塞维鲁死后，他的政策遭遇了一系列的灾难。他的继承人卡拉卡拉在一次对抗帕提亚人的战役中被自己的士兵杀死，而亚历山大·塞维鲁险些亡命于萨珊王朝第一位国王阿尔达希尔（Ardashir）手中。

在帕尔米拉，塞维鲁王朝统治时期是一个巨大的变革和创新时期。这个半闪米特王朝似乎很喜欢和信任帕尔米拉人，他们中的一些人此时被纳入罗马贵族的行列，数量更多的帕尔米拉人（事实上，几乎所有帕尔米拉贵族）都获得了罗马公民权。塞普提米乌斯和他的儿子卡拉卡拉-奥勒留的名字成为帕尔米拉罗马公民名字的组成部分。除了这两个名字之外，还有塞普提米乌斯的妻子和卡拉卡拉的母亲的名字朱莉娅。同杜拉和其他叙利亚城市一起，帕尔米拉被授予罗马殖民地的称号，但这并没有将其降低到一个行省城市的水平，它始终保留着相当多的自由和自治。

尽管他们有了罗马名字，帕尔米拉的居民并没有发生变化。他们仍然保留着他们特有的政府形式，对此我将在下面更详细地加以说明，塞普提米乌斯·塞维鲁的政策所带来的唯一变化似乎是让他们更接近罗马，更接近统治王朝。

我们在军事生活中也看到了同样的现象。我们对帝国早期帕尔米拉的军事组织知之甚少，然而，在公元1世纪，它被罗马驻军占领的可能性很小。这样的驻军在图拉真之前是没有出现过的，即使在那个时候，帕尔米拉也有自己的警力，以便为它的商队提供安全保障，并负责维护从这里延伸出去的商队路线上的驿站和水源。

我们对这支治安部队一无所知，但我们可以认为，商队的正常安全是由他们的领导人商队头领（synodiarchs）来负责的，他们是帕尔米拉显赫和富有的公民。他们每个人都有一支由骑着骆驼和马的弓箭手组成的武装部队。商队头领和商队军事护卫的保护神是阿苏（Arsu）和阿兹祖（Azizu），关于他们，我稍后会有更多说明。遗憾的是，我们不知道护送商队的人是帕尔米拉从当地招募或雇用的民兵组织的一部分，还是每一次都由商队头领和成员雇用的雇佣军。

为了维护道路、水源和商队驿站的安全，需要一支永久性的部队。人人都知道一口井对商队和沙漠中的贝都因人意味着什么。可以肯定的是，纳巴泰人在依靠他们的商队道路上组织了这样的保护，当这些道路被罗马人从纳巴泰人手中接管时，罗马的商队道路由一系列大小不同的设防营地守卫。因此，毫无疑问，帕尔米拉的商队道路受到的是同样的保护，而且很可能在帕尔米拉领土内,这些道路是由帕尔米拉的民兵守卫的,他们的最高指挥官是帕尔米拉的最高长官,即将军(strategus)。

图拉真时代以来,在东部叙利亚和美索不达米亚,战争已经变得很常见。在战争时期,城市和商队道路的安全都受到难以管教的沙漠游牧民族的影响,在罗马政府的同意或倡议下,帕尔米拉会任命一名特别的地方长官,相当于帕尔米拉武装部队的总司令,并让他扮演军事独裁者的角色。从最近发现的一些铭文中,我们知道,安东尼·庇护统治时期有一位这样的地方长官,塞普提米乌斯·塞维鲁统治时期有两位这样的地方长官,其中一位负责管理城市(公元198年)以维持"秩序",另一位在第二年作为对付游牧民族的将军。

奇怪的是,在卡拉卡拉或亚历山大·塞维鲁的统治下,驻扎在杜拉的是帕尔米拉第20大队。弗朗茨·库蒙(Franz Cumont)由此得出结论,当时罗马政府允许帕尔米拉拥有一支自己的特别正规军,由大约20个大队组成——也就是说至少有一万人,由罗马军官指挥。然而,帕尔米拉拥有一支独立军队的理论虽然很有吸引力,但并不能令人信服。更有可能的是,在塞普提米乌斯·塞维鲁或卡拉卡拉时代之后,帕尔米拉从这些皇帝之一那里获得了罗马殖民地的称号和权利,不再像以前那样为罗马军队提供非正规的骑兵队伍,而是像罗马帝国的其他地方一样,提供混合的大队。罗马人派到杜拉作为其守军或守军一部分的就是这样的大队之一。

在这段不断爆发战争的时期,杜拉作为罗马军事中心的地位不断上升,同时也失去了其商队城市的地位。最近的发现表明,杜拉在被征服(公元165年)后立即有了一支强大的驻军,成为罗马军队对抗帕提亚帝国的重要集结点。毫无疑问,它是罗马美索不达米亚南部边境最坚固的要塞,位于罗马军队沿幼发拉底河向帕提亚(后来是波斯)在下美索不达米亚的首都泰西封(Ctesiphon)行进的普通路线上。这和图拉真当年走的是同一条道路。杜拉在军事上的重要性解释了这样一个事实:在塞普提米乌斯·塞维鲁和卡拉卡拉时期,这座城市的一部分被改造成一个正规的罗马军营,有一个将军府邸作为其中心，有一个战神广场用来训练士兵，还有浴场和神庙。当这个军营的挖掘工作完成后，所有在废墟中发现的铭文、羊皮纸和纸草文书都会被发表并阐明，我们将对杜拉在塞普提米乌斯·塞维鲁、卡拉卡拉、马克林努斯（Macrinus）、亚历山大·塞维鲁、戈尔迪安三世（Gordian III）、阿拉伯人菲利普和瓦勒里安的军事远征中所发挥的作用有更多的了解。

帕尔米拉的自治组织和独立的民兵部队解释了它在公元3世纪下半叶所发挥的作用。在这里，我不打算细讲罗马帝国这段动荡时期的历史，因为当时的无政府状态、频繁的战争和皇帝的快速更替是大家都熟悉的。在东方，这场动乱不仅威胁到罗马的美索不达米亚，还威胁到其叙利亚。波斯的新萨珊王朝比安息人的帕提亚王权更加强大、更加富有活力，对罗马帝国的攻击变得越来越频繁和猛烈，而此时罗马国内的血腥内战正在破坏国家结构。亚历山大·塞维鲁以后的皇帝只顾着为阻止这种瓦解而付出英勇的努力，他们被迫忽略帕尔米拉这个自治城邦的崛起。他们不仅忽视了帕尔米拉军队的发展，还忽视了这里一个主要家族是如何逐渐成为统治家族，并成为一个小王朝的——这就是尤利乌斯·奥勒留·塞普提米乌斯（Julii Aurelii Septimii）家族，其成员经常使用希律（Hairan）、奥登纳图斯和巴巴拉图斯（Vaballath）这样的名字。这样的发展过程在叙利亚并不罕见。

当波斯萨珊王朝的第一任国王阿尔达希尔和他的继任者沙普尔（Shapur）率领波斯军队大举入侵时，杜拉城人心惶惶。在市中心的一所私人住宅里（本书的最后一章对此会有更多讲述），从主人写在办公室墙上的商业文件中，我们读到了一段潦草的文字，上面写着："560年（即公元238年）波斯人突然袭击了我们。"这是阿尔达希尔对罗马帝国著名而可怕的入侵。此时，杜拉城内人人自危。它从来没有遇到过这样的敌人。在过去，它一直是作为具有侵略性质的远征的起点。这就是为什么从帕提亚人那里继承下来，并在公元160年的地震中被摧毁的杜拉旧防御工事，尽管得到了维护并在一定程度上被修复，却从未被重建过。甚至那些背靠城墙的建筑物也没有被动过。来自波斯人的危险把杜拉的罗马守军从这种冷漠中唤醒。他们为尽快和尽可能有效地重建防御工事做出了巨大的努力。限于篇幅，这里无法描述罗马人在公元238—250年间所做的工作。我只想说，它最重要的部分是在沙漠一侧用一堵厚厚的泥砖墙加倍防御，以使它免受波斯人破城器械的袭击。但是他们的这一切努力都付诸东流了！

公元3世纪刚过去一半，在沙普尔国王的领导下，波斯人又发起了一次大进攻。沙普尔攻占了整个叙利亚，一直推进到安提阿。在这次入侵中，杜拉被波斯人占领了一段时间。在杜拉遗址中发现的数千枚硬币中，没有一枚晚于公元256年。瓦勒里安组织了一场拯救近东的远征，结果以灾难性的结局告终，他于公元260年在埃德萨被俘。作为罗马帝国的同盟，帕尔米拉的无冕之王奥登纳图斯对波斯人和瓦勒里安的继承者伽利埃努斯（Gallienus）的其他敌人开战，并连战连捷。因此，毫不奇怪，这些胜利会诱使奥登纳图斯把自己看作安息王朝的继承者。所以他首先采用了"万王之王"这个合适的头衔，然后又采用了另一个头衔——这个头衔有多种解释，可以是"东方复兴者"（Corrector totius Orientis），也可以是"东方重建者"（Restitutor totius Orientis），前者是在他之前只有罗马皇帝才能有的纯粹荣誉称号，后者可能是一种我们并不知道的职位。这个头衔后来出现在巴巴拉图斯时代的文献中，同一位巴巴拉图斯在奥登纳图斯死后的铭文中把这一名号授予他。

伊朗的王中之王奥登纳图斯是公认的罗马皇帝在东方的替身（如果不是他在东方的对手），他在位的大部分时间都在帕尔米拉以外与波斯人作战。他不在帕尔米拉期间（公元262—268年），由一位帕尔米拉的贵族作为他的代表。他名叫尤利乌斯·奥勒留·塞普提米乌斯·沃罗德斯（Julius Aurelius Septimius Vorodes），一半伊朗人血统，一半罗马人血统。这个人在帕尔米拉的职衔非常有趣。根据罗马人的说法，他是行政长官（procurator）和法官（iuridicus）；根据伊朗人的说法，他是军事总督（argapetes）。没有其他任何地方像帕尔米拉这样强调它的两面性，一面是伊朗的，另一面是罗马的，就像上述的奥登纳图斯及其在帕尔米拉的代表的头衔所表明的那样。

关于标志着帕尔米拉繁荣终结的黑暗岁月，关于奥登纳图斯之子巴巴拉图斯的统治,关于巴巴拉图斯之母、史上著名的芝诺比娅的摄政时期,关于帕尔米拉和罗马帝国之间的决裂,这里都毋庸赘述。巴巴拉图斯如何建立了自己囊括了叙利亚、埃及和小亚细亚的帝国,芝诺比娅如何在世界范围内享有盛名,这些都是历史学家所熟悉的事件。最初是商队贸易推动了帕尔米拉的发展,也是这种贸易成就了这个商队国家和芝诺比娅这位商队女王。埃及之所以能够成为这种贸易综合体的一部分,这并非偶然,因为在相当长一段时间内,埃及一直处于帕尔米拉的商业影响范围内。

芝诺比娅的商队王国只是昙花一现。我们知道,罗马帝国东山再起,收复失地,奥勒留成功地占领并摧毁了帕尔米拉,迫使商队女王芝诺比娅出现在他的凯旋式上。

在帕尔米拉短暂的辉煌时期,杜拉的命运是黑暗的。我们不知道波斯人占领这座城市有多久,在此期间,他们彻底掠夺并部分摧毁了这座城市。我们也不知道,奥登纳图斯在幼发拉底河的胜利战役中,是否占领了这座城市并修复了这里的一些纪念碑。在亚历山大·塞维鲁时代之后,帕尔米拉众神的神庙和大门的一些纪念性建筑肯定被修复了,但是其确切日期还不清楚。另一方面,除了沙普尔的两枚硬币之外,在杜拉没有发现其他日期晚于公元256年的硬币,也没有发现晚于公元256年的铭文。这种恢复和重新占领显然没有持续很长时间。在奥勒留战胜了芝诺比娅并镇压了随后的帕尔米拉起义之后,杜拉再也没有被罗马士兵占领过。这里一直是罗马帝国和波斯帝国之间的一块无人地带,变成了一片沙漠。为了恢复罗马对幼发拉底河的统治,朱利安(Julian)对波斯发起了一场徒劳无功的远征,当他经过杜拉时,这里已经是一片废墟,沙漠已经开始侵占曾经繁荣的定居点。杜拉衰败之后,帕尔米拉又延续了相当长的一段时间,但经过一段缓慢的衰退之后,它也逐渐崩溃。当商队贸易再次在阿拉伯人手中复苏时,它被撇在了一边。商队贸易的盛衰决定了它的盛衰。

第五章　帕尔米拉遗址

帕尔米拉和佩特拉的遗迹无疑是古代世界最浪漫的遗迹之一，其他没有任何遗迹能与之相媲美，它们有一种我们在别处找不到的异国情调。在美轮美奂的佩特拉峡谷里，精美的墓室外立面，其背后的彩色岩石，都会永远萦绕在每一个参观过的游客脑海中。帕尔米拉也会在游客心中激发起同样生动的浪漫情怀。在我第一次来之前，我读过许多关于这座城市的描述，把它们看作辞藻华丽的浪漫主义作品。经过一天漫长的穿越沙漠的旅程，这些石头墓室的轮廓在地平线上映入眼帘，然后慢慢地从被风吹起的沙尘中逐渐浮现出来，直到最后在沙漠金灰色的背景下，柱子和拱门清晰地矗立在我面前。我必须承认，此时我感受到了以前所有旅行者都经历过的那种浪漫的魔力。当时这一切都更加非比寻常，因为现在的游客可以乘坐快捷的福特或雪佛兰到达帕尔米拉，并在一家舒适的酒店住下来，然而，20年前，这段旅程是骑着骆驼，在一位武装导游的陪同下进行的，因为帕尔米拉的酋长们一直以残忍和贪婪而闻名。

这些最具有浪漫色彩的古代遗迹最早是在欧洲历史上最浪漫的时期被真正发现的，即18世纪；当时古典主义方兴未艾，但反对它的浪漫主义刚刚开始。事实上，早在1678年和1691年，来自阿勒颇的英国商人就已经造访过帕尔米拉，并且在第二次探险过程中取得了更大的成功。早在1695—1697年，曾参与第二次探险的威廉·哈利法克斯（William Halifax）在《哲学学报》（*The Philosophical Transactions*）上发表了他的绘画和游记。1693年，同一支探险队的另一名成员霍夫斯特德（Hofsted）给这座城市作了一幅详细的油画，现在就悬挂在阿姆斯特丹大学的大厅里。这些先驱者的作品只引起了专家和考古学家的注意。下一个造访帕尔米拉的人是科尼利乌斯·卢斯（Cornelius Loos），他是瑞典国王查理十二世（Charles XII）在波尔塔瓦（Poltava）战役期间的幕僚，后来成为斯特拉尔松德（Stralsund）政府办公室的建筑师。当国王被土耳其人囚禁在本德（Bender）时，和他在一起的卢斯为他的军队设计新制服，以此来帮助国王打发时间。1710年3月，查理十二世派他到叙利亚、巴勒斯坦和埃及去为古代遗迹绘画。在旅行中，卢斯看到了帕尔米拉，在那里住了一段时间，画下了那里的一些重要遗迹。1711年，他向国王递交了他的画作和一份报告，但其中一部分在土耳其人和瑞典人之间的本德战役中丢失了。其余的被保存下来，现藏于乌普萨拉大学图书馆里，但是遗憾的是，这些素描画和报告都没有得到充分的出版。我是通过隆德大学的安德森教授才知道这些的，他在一篇报纸文章中援引了一些（图版十六 1）。

帕尔米拉于1753年被英国艺术家伍德（Wood）首次真正介绍给现代世界。人们对伍德的工作和生活知之甚少，只知道他在1751年和富有的旅行家道金斯（Dawkins）一起参观了这座城市，并且他的描绘在整个文明世界获得了巨大的成功。事实上，正是由于这本书，俄国凯瑟琳大帝的法国朋友们把她的首都命名为"北方的帕尔米拉"，大概是以此把她比作芝诺比娅，就像他们以前把她比作塞米拉米斯（Semiramis）一样（同样浪漫，但真实性更加可疑）。尽管无论是对凯瑟琳还是对俄国人来说，这都不是什么恭维的比较，但圣彼得堡从此有了"北方的帕尔米拉"这一称号。伍德的书至今仍是经典之作。从那以后，虽然帕尔米拉的古物、雕像和半身像，以及石雕遗存在所有的博物馆里都能找到，但没有人写过任何有关这个主题的一般性作品。

在这方面，我们所知的篇幅最长的文本是用阿拉姆语的帕尔米拉方言写成的帕尔米拉关税税则，这要归功于俄罗斯旅行家阿巴梅勒克·拉扎列夫亲

图版十六 帕尔米拉

1. 1711年科尼利乌斯·卢斯绘制的帕尔米拉遗址

2. 帕尔米拉全景。图画最前方是现代墓地;后面是廊柱大街;最后面是环绕城市的山丘,其中一座山丘之上是土耳其堡垒

图版十七　帕尔米拉

1. 帕尔米拉城外的墓塔。后面一座山的山顶上是土耳其堡垒

2. 神庙坟墓之一

帕尔米拉平面图

1—3. 主要大门 9. 主要大街上的凯旋门 13. 剧场 18. 商队客栈
（转引自《叙利亚》，1926年，第 xiii 页，经作者 P. 戈伊特纳授权使用）

王（Prince Abamelek Lazareff），他曾写过一本趣味横生的关于帕尔米拉的著作。在已故的拉蒂谢夫（V. V. Latysheff）侯爵、富尔盖（Vogué）侯爵和德绍（H. Dessau）教授的帮助下，这位王子亲自负责这份税则的出版。在君士坦丁堡前俄罗斯考古学会的努力下，这块刻有关税税则的石板在"一战"爆发前不久被搬到了艾尔米塔什博物馆。同样重要的是由俄罗斯科学院院士乌斯宾斯基（Th. I. Uspensky）和法尔马科夫斯基（B. V. Farmakovsky）所率领的探险，后者负责把关税税则的石板运到圣彼得堡的一切安排。第一次复制并出版了那里的壁画的也是这支探险队，这些壁画是当时在一个坟墓里偶然发现的，今天的帕尔米拉导游把这个坟墓指给游客看，说这就是芝诺比娅的葬身之处。事实上，正如铭文所示，它是一位普通公民在岩石上开凿的众多坟墓之一。他和他的后人除了把自己家族的成员埋葬在岩洞里面之外，还把部分岩洞卖给了陌生人，从中获利。在学术重要性方面，最近由耶路撒冷两位著名的多明我会教徒佩雷斯·若桑和萨维尼亚克所进行的探险是唯一可以与这次俄国探险相比的。

最近，旅游者和商人对帕尔米拉遗迹肆无忌惮的抢劫已经结束，如今，旨在或多或少地全面记录地上现存文物的考古探险时代也接近尾声。多亏了法国铭文学会、叙利亚政府和法国叙利亚托管地的行政人员，现在终于到了对遗迹进行地下挖掘，更重要的是彻底保护和修复的时候了。这一切适逢其时，因为自从汽车问世以来，对帕尔米拉的掠夺已经十分猖獗。几十年后，将几乎没有一根立柱或拱门矗立在这里，它们会轰然倒地；卢斯和伍德当年看到的几百个圆柱已经倒下，它们也难逃同样的命运，倒下的原因既可能是时间之手，也可能是其他因素。

本章的目的并不是对这些遗迹做详细的描述，因为这样的描述需要在原址上进行长期的仔细研究，并在较重要的建筑物或建筑物群的下面进行挖掘。不过，关于这些遗迹，我们还得说几句。

不管我们对这个城市的地形知识多么肤浅，其主要轮廓还是很清晰的——事实上，相对于完全被挖掘出来的遗迹，在被沙子覆盖时，其轮廓反而显得更清晰，因为在前者，细节往往会掩盖更重要的特征。宏伟壮观的"亡者之城"矗立在"生者之城"前面，其辉煌程度几乎可以与之相媲美。对于今天的旅行者来说，首先看到的是这座由石头墓室组成的亡者之城，比例匀称、轮廓分明（图版十七 1）。而古代的旅行家在逐渐靠近时，看到的不仅仅是这些墓塔，还有这些墓室和神庙的外立面：装饰绮丽，上面有各种雕塑和浮雕（图版十七 2）。他还能看到地面上更为朴素的建筑貌不惊人的土丘，下面是在岩石上雕凿的富丽堂皇的地下大厅，墙壁上装饰着绘画，壁龛里摆放着石棺。对历史学家来说，这些坟墓是珍贵的文献，部分是因为它们奇特的建筑风格——这种风格一点也不像希腊的，甚至也不像闪米特人的；部分是因为那些保存完好的室内装饰——要么是绘画，要么是雕塑，都是对具有宗教意义的场景程式化而又写实主义的描绘。然而，它们的主要价值在于，它们的位置表明了通往城市的商队路线，而肖像和大量的铭文给我们提供了许多关于帕尔米拉商业贵族中最富有成员的历史信息。如果这些坟墓的大多数没有被阿拉伯人和欧洲人洗劫一空，如果这些半身像和铭文不是散落在欧洲和美国的数百件公共和私人藏品中（并且没有对它们的起源进行任何确切的描述），编写一份完整的帕尔米拉历史传记该有多容易呀！想到这些，的确让人痛心。

在亡者之城后面是生者之城（图版十六 2）。我们不知道这座城市没有城墙保护的开放状态持续了多久，换句话说，之前多久的时间里，只有它的神庙是有防御的。只有对城墙的彻底考察才能提供这个问题的答案，但是还没有人尝试过这个任务。我们所知道的是，现存的城墙属于较晚的时期，部分属于芝诺比娅时代，部分属于更晚的时期。

就像在佩特拉和杰拉什一样，这里的城墙也不能确定城市的主要轮廓，因为它的轮廓是由商队贸易决定的。帕尔米拉是最典型的古代商队城市，比佩特拉要典型得多，佩特拉的道路和建筑都因其独特的地形而略显模糊。在杰拉什，城市早期的生活仍然是一个问题，因此我们仍然不确定它对后来的商队城市的建设产生了多大的影响。而在帕尔米拉，商队城市的轮廓非常明显。

所有向西的商队道路在城镇中会合成一条街道，这条街道是这个城市的主干道，当旅人从城市这一侧的沙漠山丘上下来时，老远就能够看到。正是这条路造就了帕尔米拉在现代的名声，它的雄伟优雅，它的圆柱林立的大道，以及标志着十字路口起点的拱门，这些都配得上它们的名声。四门塔和柱子上的底座同样有趣而又庄严，柱子上立着那些负责在大街上竖立这些柱子的人的雕像。帕尔米拉人对这条廊柱大街所表现出的自豪，实际上证明了它不仅是一条大街，还是一条主干道，是这座城市赖以生存的脊梁（图版十八 1）。

廊柱大街两旁至少有375根柱子，其中大约有150根还在原地。它几乎笔直地从东到西延伸，虽然在某一点有一个突然的急转弯，既被一个三重拱门所隐藏，又以这个三重拱门为标志，这确实是错视建筑的一个奇迹。改变方向的原因很明显：从建筑学上来看，如果这条路直接穿过城市进入沙漠，一切都将十分简单，但实际上，它的路线是由圣地（haram）或主要的神庙决定的。很明显，在外城台上有巨大石柱耸立的地方，一座神庙一定从远古时代就存在了。当然，当商队城市第一次在那里出现时，移动这样一座神庙是不可能的，因为这个地点是由宗教预定的，而不是因为这里的地势或者是商队路线的方向。因此，商队的路线服从了神的命令。在拱门和神庙之间的主街可能特别令人印象深刻，它甚至可能已经成为一种神圣的道路，就像那些通往巴比伦和埃及神庙的道路一样。然而，到目前为止，只有在这条街上偶然发现的一个精致的半圆形座椅才支持这一理论。

仅仅两年前，这座帕尔米拉的主要神庙才从数百座建在其上和周围的阿拉伯棚屋中解放出来。这多亏了叙利亚考古机构的努力，尤其是其主管塞里格的努力。结果，现在这座神庙的轮廓清晰了。我不会详细描述这座建筑，因为这既是挖掘者的权利，也是挖掘者的义务，我这里只要说几句话就够了。

在这座神庙中发现的许多铭文告诉我们，帕尔米拉大神庙公元前1世纪的最后几年和公元1世纪初建造时的样子与现在大致相同，它是献给巴比伦的主神贝勒（Bel）的。内殿直到最后都保持着它原来的形状，而庭院在公元2世纪被重建，规模更大。然而，毫无疑问，在内殿刚建成的时候，就有一个庭院和一个外城台。这座建于奥古斯都时期的神庙在独创性、新奇性和不对称的构思方面都令人惊讶。长方形的狭窄内殿被分成三个不相等的部分，周围是科林斯式的廊柱，廊柱上曾经有铜鎏金的柱头。这些柱头已经不见了，现在内殿的廊柱上光秃秃的。进入内殿的主要入口在它更长的一面，但不是在其中心，而是靠近一侧。一个巨大无比的入口与内殿勉强连接在一起，形成了入口之门的框架，入口上山形雕塑让我们想起著名的杜拉壁画。一个有柱廊的庭院可能包围着内殿。现在的外城台有精致的圆柱和宏伟的入口，很可能是早期有柱廊的庭院的延伸（图版十九）。

乍一看来，这座建于公元1世纪初的庙宇显然不是希腊建筑。我确信内殿的形状是由一个事实决定的，那就是它很可能以更大的规模取代了一个更早的有着相同方向和规划的内殿，即以前就存在于此的苏美尔—巴比伦神庙的内殿。希腊建筑师把这个内殿从狭窄黑暗的巴比伦神庙庭院搬到了希腊神庙建筑的灿烂阳光中，出乎意料的是，它的周围环绕的是希腊圆柱。孤零零的内殿周围，是一个有柱廊的门廊，而不是通常巴比伦式的庭院，中间有一个祭坛，三边是两层的房间。整个神庙成为巴比伦元素和希腊元素的奇怪混合物。这一事实可以解释神庙的奇特规划，以及内殿和周围柱廊之间的建筑不和谐。

神庙与商队道路、宗教与财富，这些都是商队城市的主要兴趣所在。在古代早期，宗教可能扮演着积极保护者的角色，因为神庙最初一定是同时作为要塞使用的，在那里，人们可以躲避游牧民族贝都因人的入侵，无疑这种入侵经常发生。

就像在佩特拉和杰拉什一样，帕尔米拉第三个，也是同样重要的特点是商队客栈，即商队停下来歇脚的地方，人们进入神庙前，在这里安顿下来，进行沐浴。我们知道帕尔米拉商队客栈的位置，因为它的位置是由主要街道

图版十八　帕尔米拉

1. 廊柱大街的一部分

2. 商队客栈的内部

图版十九　帕尔米拉

1. 贝勒神庙的正面视图

2. 贝勒神庙的侧视图

上最宏伟的四门塔指示的。在这里和峡谷之间的区域从来没有被适当挖掘过，尽管它周围的大型建筑非常奇特。它们的布局确实就像今天这样混乱，因此应该尽快在那里进行挖掘。有一座建筑尤其值得研究，因为它高大的墙壁环绕着一个矩形，里面有有趣的门廊和一个精致的宏伟入口。在我看来，这座建筑是一个典型的商队城市的典型客栈，不仅因为其总体规划如此，还因为在那里发现了大量的铭文，其中有些歌颂了能干的商队首领，强调他们在为商人和城市服务时的能力、无私和奉献精神（图版十八 2）。

在这座城市的主要广场上还有其他有趣的建筑，其中一幢最近被挖掘出来的建筑尤其引人注目。这是一座耸立在四门塔附近的剧场式建筑，虽然发掘它的加布里埃尔（M. Gabriel）先生认为这是一座普通的希腊剧场，我却不这么认为。在叙利亚的几个城市中确实有类似剧场的结构，但叙利亚的剧场一般没有希腊剧场的特征。在杰拉什和安曼找到普通的希腊剧场似乎是很自然的事情，因为这些城市曾经居住着希腊人。但是在帕尔米拉，由于其奇特的构成、部落和部落组织，以及其无处不在的宗教热情，和帕提亚国王宫廷里上演那种即兴演出戏剧的剧场相比，上演欧里庇得斯的悲剧和米南德的喜剧的剧场似乎更不合体统。我们也许还记得，在上演欧里庇得斯的《酒神的女祭司们》时，战胜克拉苏的沃罗德斯曾允许将这位罗马将军的头颅用作道具。在帕尔米拉，主广场上的剧场式建筑的真正目的可能完全不同，虽然希腊戏剧偶尔在那里上演。这里是政治和宗教生活的中心，城市的"长老们"在这里集会。在这里，最古老家族的部落酋长（其中大多数是富有的商人）肯定和一些商队首领会面。在这里，部落的普通成员肯定聚集在一起，投票决定授予那些通过考验并获得信任的商队成员以荣誉。在这里，公民肯定聚集在一起参加宗教仪式、舞蹈、赞美诗或祭祀。主要是为了这种目的，才在叙利亚的非希腊地区设立了礼堂。

这就是帕尔米拉生活的中心。在城市的两侧，有许多纵横交错的道路，其中一些通往神庙、市场和公共建筑，两侧有列柱。晚些时候，到了基督教时代，教堂也出现了。其中一座的遗迹至今还可以看到。这个地区最重要的一座神庙仍然保存完好，尽管其体积巨大、装饰繁复，依然十分优雅。这座神庙供奉的是伟大的巴尔夏明神（Baal Samin），最近的发现表明，它只是供奉同一位神灵的一组大建筑的一部分。偶然发现的雕刻碎片和铭文告诉我们，还有其他供奉别的神灵的神庙。例如，可以肯定的是，在某个地方有一座供奉安纳托利亚和叙利亚的哈达德和阿塔加提斯这两位神灵的神庙。我们也几乎确切地知道叙利亚—巴比伦的神灵伊什塔尔-阿斯塔特（Ishtar-Astarte）神庙的位置，而铭文和浮雕证明了其他供奉商队之神阿苏和阿兹祖的神庙的存在。未来的探险者将会发现更多诸如此类的神庙。

这些神庙很富有，但是公共建筑、坟墓和富人的私宅同样富丽堂皇。其中有两处私宅是最近出土的，人们发现它们比提洛岛上富有商人的住宅更奢华，装饰也更精美。他们中央庭院的华丽柱廊是宫殿的柱廊，而不是房屋的柱廊；更富丽堂皇的是向庭院开放的房间，这可以和任何一座意大利贵族豪宅相媲美。除了那些属于街道、神庙或为纪念城市名流而建的石柱之外，我们所看到的无论是原地未动还是已经倒塌的石柱，大部分都来自于私人住宅的列柱庭院或有柱廊的中庭。只有时间才能表明，这些中产阶级居民较为朴素的房屋、庞贝式的商店和房屋，还有工匠和工人居住的地区到底是与这些宫殿并排而立，还是位于城市的其他地区。但是，无论如何，帕尔米拉的特点是，第一批被发现的房屋属于贵族阶层的成员，而这座城市的建筑轮廓、财富和美丽、独特的社会和经济组织都要归功于这个阶层。

在谈到这些房屋时，我使用了列柱庭院和中庭这两个词，因此引出了一个我无法回答的问题，那就是这些带柱廊的帕尔米拉庭院是否起源于希腊。在最遥远的过去，这种柱子为美索不达米亚的建筑者所知，而有柱廊的庭院在巴比伦比较常见。除了巴比伦的庭院，我们还在赫梯人的柱廊入口大厅（hilani）、波斯人的觐见厅（apadana）和帕提亚宫殿中发现了类似的建筑，因此，很可能有人会问帕尔米拉的这种建筑起源于哪里。在更多的帕尔米拉宫殿被研究、更多的帕尔米拉房屋被挖掘出来之前，明智的做法是不要把重点放在任何一种可能性上。

132

在这个由商队创造、旨在进行商队贸易的童话城市里，帕尔米拉人过着怎样的生活呢？虽然我们对它的了解比我们对佩特拉或杰拉什的了解略好一些，但我们所知道的仍然非常有限。数以百计的帕尔米拉铭文十分有趣，信息量丰富。成千上万的雕像、半身像、浅浮雕和大量的肖像画或壁画使我们接触到居民的外部世界。此外，我们还可以从一些不起眼的文物中了解到很多东西，比如上面有人物像和铭文的黏土块，它们曾被用作宴会、宗教或私人招待会的入场券，而这些宴会或私人招待会与祭祀神灵和死者有关。但遗憾的是，无论是铭文、雕塑、绘画、黏土代币，还是家庭用具，都还没有被收集起来，也没有任何关于它们的完整描述被发表。

然而，我们确实拥有足够的史料，可以粗略地勾勒出帕尔米拉的生活。首先要注意的是人口的混合种族特征。毫无疑问，闪米特人占人口大多数，而且大多数铭文都是用他们的语言写的——这是一种阿拉姆方言，用的是帕尔米拉特有的字母表。但也有大量希腊语和帕尔米拉语的双语铭文和其他一些仅用希腊语或拉丁语的铭文。名字也是如此，因为也是以闪米特语为主，尽管与其一起出现的还有一定数量源自希腊语、拉丁语或伊朗语的名字。希腊居民似乎很少，因为大多数有希腊语名字的人都是被释奴隶。闪米特家族的成员偶尔（但很少）也会使用希腊名字。很明显，帕尔米拉人不喜欢他们的希腊世仇，并试图阻止他们定居在这座城市，而罗马人似乎也没有坚持应该采取"门户开放"的政策。在这方面帕尔米拉人似乎享有完全的自由。除了被释奴之外，罗马政府的文职和军事代理以及罗马军队的士兵也有希腊和罗马的名字，尽管在帕尔米拉这样的人很少。也有伊朗人，他们被划分为统治帕尔米拉的贵族阶层的成员；与希腊人相反，他们没有被视为异邦人。

如果仔细分析闪米特人的名字，可能会发现并非所有的闪米特人都属于同一血统。然而，似乎不可能所有的统治家族都是绿洲原始居民阿拉姆人或迦南人的后裔，无论他们是什么人。我确信，在帕尔米拉的辉煌时代之初，贸易联系和资金从外地来到这里，包括巴比伦、大马士革、讲赛法语的阿拉伯半岛、佩特拉，可能还有巴勒斯坦。这个城市中存在的外来崇拜的数量确实清楚地证明了这一点。公元85年，帕尔米拉米格达特（Migdath）部族的两位要人，尼萨（Nesa）之子伊尔德贝尔（Ildibel）之子马里库（Maliku）的两个儿子莉珊斯（Lisams）和西比达（Zebida）为"他们祖先的神灵"阿拉伯的萨姆斯神（Sams）立碑，这可能就属于这一种情况。

这种社会结构是非常特殊的，因为尽管在闪米特人中宗族分裂是很常见的，但我们在这里发现，在几十个部族中，只有四个部族高于其他部族。人们不禁要问，是否只有这些部族的成员才拥有政治权利，顾问、治安官和商队领袖是否只来自这四个部族。不管是不是这样，我们经常发现这四个部落携手合作，帕尔米拉的名流们认为能受到他们的尊重是极大的荣幸。遗憾的是，我们对这些不同部族的生活及其相互关系知之甚少。强大的部族之间自然并不总是和睦相处，就像今天的叙利亚和美索不达米亚一样，在帕尔米拉，长久的世仇在阿拉伯人中间很常见。公元21年的一份有趣的铭文可以让我们对这些古老的争吵有所了解。这份铭文刻在哈萨斯神（Hasas）的雕像下方，出资的是本尼克马拉（Bene Komara）和本尼马塔波尔（Bene Mattabol）这两个部族。这两个部族的名字在帕尔米拉的历史上经常出现，毫无疑问，他们是这个城市历史上最强大也最有权势的部族。铭文写道："因为哈萨斯神已经找到两个部族的首领，安排他们之间的和平，他现在负责两个部族之间的密切合作，事无巨细。"在这一文本的希腊语删节版本中，这两个部族被称为"帕尔米拉人"。

在帕尔米拉，主持宗教仪式的祭司们组成了一个强大的团体，一个复杂而多样的等级制度，对此还没有人仔细研究过。他们中有些负责神庙的事务，还有些则与有趣的宗教团体有关，这些团体聚集在神庙周围，或者可能是部落圣所的周围。人们发现了许多半身雕像，它们代表着著名的帕尔米拉家族的男性成员，都身穿祭司的服装。他们头上戴着典型的圆柱形头冠，上面饰有他们所崇拜的神灵的半身像。在我看来，这证明了这里的祭司并不总是像埃及人、巴比伦人、闪米特人，甚至是在伊朗世界那样是世袭的，而纯粹是一个荣誉称号和职位，就像在希腊和罗马那样。

除了偶尔发现的一个（可能是伊朗的）祭司头衔，还有宗教宴会主持人（symposiarch）这一头衔。他有一大群追随者或助手陪同。在这些节日里，神和凡人都要喝很多酒；在一份重要的铭文中，一位祭司兼宴会主持人夸口说，在其中一个宴会上供应的是陈年葡萄酒（可能是本地的，不是进口的）。这证明在古代帕尔米拉曾拥有繁荣的农业。正如我们从前面提到的黏土代币和帕尔米拉关税税则中所了解到的那样，除了酒、大麦、蔬菜和枣子之外，橄榄油也是当地的产品。毫无疑问，那些参加这些神圣宴会的人得到了一个黏土"代币"，就像许多在废墟中发现的一样，它们似乎能够提供一个清晰的城市社会和宗教生活的画面。许多上面都有铭文，写的是贝勒神或其他神灵的祭司。神圣宴会不仅仅是为了向神灵致敬。帕尔米拉人认为死者会成为神圣家族的成员，变成英雄或半神。这一认识可能是从希腊人那里学到的。根据这一信仰，死者被描绘成神圣的英雄，躺在华丽的沙发上，穿着华丽的衣服。据说他们也会参加为他们举行的葬礼宴会。其中一些黏土代币肯定是分发给那些参加宴会者的，包括死者的家庭成员、他的部族成员或他所属的宗教组织（thiasos）的成员。

137　　人们不禁要问，这种神圣宴会的想法是从哪里传到帕尔米拉的。这个问题既困难又复杂，我不能在这里展开探讨。然而，我可以指出，在帕提亚美索不达米亚，神和被神化的死者都躺在沙发上。这可能是由于希腊人对美索不达米亚人的宗教观念的影响。

　　帕尔米拉男女神灵大家庭的结构就像其人口和祭司一样复杂。贝勒在主要的神庙里至高无上。除了他和巴尔夏明神（他们都是上界的神灵，在希腊语中都被称为"宙斯"）之外，还有太阳之神亚希波尔（Yarhibol）和月亮之神阿格利波尔（Aglibol，图版二十）。在大神庙里，贝勒神、亚希波尔和阿格利波尔可能同时受到崇拜。除了这三位神灵之外，有时还会有第四位甚至第五位神灵。在帕尔米拉的浮雕和黏土代币上，我们都可以看到刻画这三位或四位神灵的群像。很可能在这三位或四位神灵中，有两位不是巴比伦的神，而是当地的神，即亚希波尔和阿格利波尔。在罗马时期，伟大的巴尔夏明神成为贝勒神的对手，在成百上千份献词中被称为"永恒的有福者和仁慈善良者"。我们可以认为他是帕尔米拉众神中的叙利亚成员。一个奇怪的人物是"贝勒的信使"玛拉克贝勒（Malakbel），他是贝勒的助手和其性格中的次要一面，毫无疑问和贝勒一样也是一个巴比伦神灵。

和贝勒一样，沙玛什（Shamash）和伊什塔尔也源自巴比伦，但是后者很快就和腓尼基的阿斯塔特融为一体。一半来自埃兰的南奈女神在杜拉也受到了崇拜，关于她的崇拜，我们后面还会讲到。她和冥界之神涅迦尔（Nergal）也都来自巴比伦。然而，并非帕尔米拉的每一位神灵都来自巴比伦。强大的哈达德和阿塔加提斯夫妇（图版二十一）来自叙利亚北部，最终可能来自小亚细亚，而艾希姆恩（Eshmun）则和阿斯塔特一样来自腓尼基。在希腊语的黏土代币上，他被描述为医神阿斯克勒庇俄斯（Asclepius）。也有不少神灵来自阿拉伯半岛，其中包括太阳神萨姆斯、阿拉特（阿拉伯的雅典娜，图版二十一 3）和有趣的柴艾尔考姆（Chai al Qaum）。在阿拉伯，这位太阳神是女性，但是在帕尔米拉，她被等同于巴比伦的沙玛什。柴艾尔考姆是一位善良仁慈的神，一位不喝酒的神。他可能是另一位阿拉伯神灵杜莎拉（Dushara或Dusares，阿拉伯的酒神狄俄尼索斯）的对手。阿苏和阿兹祖在帕尔米拉各有一座神庙，都是非常重要的神灵。在黏土代币、硬币和浮雕上，阿苏被描绘成一个骑着骆驼的年轻士兵，或者是站在他牵着的骆驼旁边。有时他甚至被描绘成一头骆驼，这是他神圣的象征。阿兹祖年轻英俊，骑在马背上。虽然阿苏肯定是阿拉伯神灵——因为他在佩特拉受到崇拜，讲赛法语的阿拉伯人也崇拜他，称他为罗达哈（Roudha或Radhou，本来是一位女性神灵）——但是阿兹祖可能并非阿拉伯的神灵，因为他在埃德萨也受到崇拜，在这里和他对应的是莫尼莫斯神（Monimos）。两者都是太阳的助手：一位是晨星之神，在宗教游行中走在太阳神前面；另一位是昏星之神，紧随其后。阿兹祖可能是众多被叙利亚人崇拜的骑马神灵之一，叙利亚的士兵和商人把对他的崇拜传播到叙利亚之外很远的地方。即使在遥远的达契亚，我们也发现了对他的献词，在这些献词中他被称为"仁慈之神、光明之

图版二十 帕尔米拉诸神
（图片说明见第150页）

1

2

3

1，2.三位主神，贝勒、亚希波尔和阿格利波尔
3.阿苏神，商队的保护神

图版二十一　帕尔米拉诸神
（图片说明见第151页）

1. 阿塔加提斯

2. 阿塔加提斯和哈达德

3. 战神阿拉特

4. 堤喀

5. 堤喀或贝勒

图版二十二　帕尔米拉诸神

1

2

3

1. 阿苏和阿兹祖
2，3. 阿苏

神、皮提亚的阿波罗"（Deus bonus, puer phosphorus Apollo Pythius，图版二十 3和图版二十二）。

　　在帕尔米拉，源自阿拉伯的阿苏和源自叙利亚的阿兹祖最初保持了他们的身份，即商队的保护神和神圣的商队领袖。在黏土代币上，他们有时和太阳之神沙玛什或亚希波尔－玛拉克贝勒一起出现。月亮之神阿格利波尔和这些神灵都有关联。那些要在沙漠中度过很多日夜的人，向这些善良、怜悯、日夜引导他们的神灵献上热切的祷告。我们已经遇到过了商队的这些指导者，因为在佩特拉精美的卡兹尼神殿的外立面上，他们和佩特拉的福尔图那（命运女神堤喀）一起，以希腊的狄俄斯库里的形象俯视着我们。进入佩特拉山谷的商队最早看到的就是这些神灵，在岩石上、神庙的墙壁上和商队长途旅行的过程中经过的大门上，刻着成千上万的碑文，旅行者们在这些碑文中热情地把自己托付给这些神灵。

　　在上面提到的一长串帕尔米拉的外国神灵的名字中，竟然没有一位伊朗神灵，这是令人惊讶的。当然，在帕尔米拉也没有真正意义上的希腊和罗马神灵，但至少希腊和罗马的神祇从两方面在这里得到了体现，首先是希腊文铭文中给东方诸神取的一些希腊文名字，其次是这些神灵希腊化的雕像和半浮雕。类似的伊朗宗教的影响在帕尔米拉找不到。在帕尔米拉的神祇中，唯一可以说得上源自伊朗的神灵是赛特拉普斯（Satrapes），我们只有在一个浅浮雕和一个黏土代币上能够看到他。在黏土代币上，他是与阿苏和阿兹祖一起出现的。然而，我们知道，他并非从伊朗来到帕尔米拉的，而是从腓尼基和小亚细亚。在帕尔米拉建立之前很久，也就是腓尼基和小亚细亚都是第一个波斯帝国属地的时候，他就在那里受到崇拜。[1]

　　我认为帕尔米拉宗教中没有伊朗元素是基于一种谬论。在这里，我不能详细说明。我只想说，当巴比伦的众神来到帕提亚的帕尔米拉时，巴比伦还是一个帕提亚城市，还在仰望帕提亚的首都之一泰西封。在巴比伦，帕提亚

---

[1] 在帕尔米拉新发现的一个坟墓里出现的奥尔穆兹德（Ormuzd）这个名字是人名，而不是神的名字，这几乎是可以肯定的。

人接受了巴比伦的众神，创造了一种融合的宗教，这很好地反映了整个帕提亚帝国的特征。我认为这种宗教融合是帕提亚宗教发展的主要特征之一。印度北部的贵霜王国也出现过类似的现象，在那里，纯粹的伊朗的、前琐罗亚斯德教的神灵以希腊神祇的形式和属性出现在硬币上。与此类似的还有美索不达米亚宗教的演变。帕提亚人很可能是琐罗亚斯德教徒，尽管帕提亚国王认为官方有必要承认他们多民族帝国的其他神灵。就这样，在美索不达米亚和叙利亚广受崇拜的巴比伦主神贝勒成为帕提亚帝国的众神之一。现在没有什么能阻止一个虔诚的琐罗亚斯德教教徒向贝勒表达敬意，并偶尔到他的神庙来向他祈祷，仿佛他是另一个阿胡拉玛兹达（Ahuramazda）。鉴于这一事实，巴比伦的神职人员不得不对帕提亚人的仪式习惯做出一些让步，也就是说，在一定程度上使他们的主神、仁慈的贝勒的崇拜伊朗化。

作为帕提亚帝国的神，贝勒以某种伊朗化的面貌来到帕尔米拉，并在其崇拜中加入了各种伊朗元素。一些事实支持我上面所说的假设。在帕尔米拉的一处铭文上，有一份贝勒祭司的名单。这些祭司的名字中有一个没有从闪米特语中找到解释，似乎来自伊朗。此外，就像雕塑和绘画中所表现的那样，帕尔米拉众神中最重要的众神，尤其是武士之神贝勒、亚希波尔和阿格利波尔，有时穿着帕提亚人的服装，佩带着帕提亚人的武器。阿苏和阿兹祖也是如此。

我已经谈到了帕尔米拉的政治制度，令人遗憾的是，我们对它的了解仍然很少。它的起源隐藏在黑暗之中，虽然在哈德良之后使用的术语是希腊语，但这并不意味着它本质上是希腊的。一个将军可能是这个国家的代表并指挥民兵。两位执政官（archon）担任文官政府的代表。在他们手下有一位司库，一位市场和商队的监督官，然后是税吏。强大的元老院有一位特别的院长。正如我们从帕尔米拉关税税则中所了解到的那样，包税人也同样重要。这份税则于公元137年由元老院在一位秘书和执政官的见证下制定，后来经过仔细编辑、修改和扩充。

遗憾的是，我们对地方行政官和元老院之间的关系，以及对历史悠久的部族组织所知甚少。人口被分成不同的部族，每个部族都有自己的集体和宗教生活。更可悲的是，我们对帕尔米拉、其地方行政官和元老院与罗马中央政府之间的关系知之甚少。在这里，除了守军司令以外，谁是罗马的代表？罗马从这里可以获得哪些收入？是怎样获得的？在帕尔米拉，很少有罗马皇帝或叙利亚总督的雕像或其他纪念碑，而在叙利亚更小、更穷的城市里，这样的雕像和纪念碑却有很多，这是为什么呢？随着时间的推移，一些纪念碑上的文字会被解读，或许会揭开这个谜底。

帕尔米拉的生活水平和政治趋势显然都是由资助商队的商人决定的。他们在东方和西方都建立了办事处，他们在帕提亚和罗马港口都拥有船只，他们为商业企业借贷资金。一系列赞扬外国的帕尔米拉商业定居点（fondouqs）领导者、商队领袖和商业公司负责人（archemporoi）的铭文，让我们熟悉了他们以及他们的活动。一个奇怪的事实是，尽管帕尔米拉的代表分散在世界各地，帕尔米拉商队的足迹通向四面八方，上述铭文却只提到那些居住在巴比伦、沃洛吉西亚、弗拉特、条支以及帕提亚帝国的其他小中心的商业定居点领导者的和往返于这些地方的商队。所有这些城市都位于底格里斯河和幼发拉底河的河口，或者距离河口不远。大马士革、埃米萨、哈马和罗马帝国的其他城市没有被提到，向北或向西行进的商队也没有被提到。这似乎意味着，帕尔米拉的主要收入来自它与帕提亚的商业联系。另一方面，这意味着与帕提亚的这些商业关系和往返于帕提亚的商队旅行充满危险，而与罗马帝国的关系十分安全，在赞扬杰出公民卓越服务的铭文中不值一提。

上述铭文所提供的关于商业定居点的信息十分重要。这些商业定居点似乎是帕尔米拉人生活的重要中心，是外国城市内部几乎独立的政治机构，这让我们想起中世纪和文艺复兴时期欧洲在东方的类似定居点，以及当今欧洲人在上海的定居点。对此，现在欧洲所有读报纸的人都很熟悉。例如，在一些赞颂这些定居点领导人的帕尔米拉铭文中，提到了这些定居点的帕尔米拉神庙，它们高高在上，俯视着帕尔米拉人的客栈、办事处和仓库。奇怪的是，这些铭文中有一份似乎提到，沃洛吉西亚的商业定居点领导人为罗马皇帝哈德良在沃洛吉西亚建造了一座神庙。在帕提亚王国的中心地带给罗马皇帝建造一座神庙，这听起来几乎荒诞不经，但是我们不要忘了，哈德良在帕提亚一定很受欢迎，也很有影响力。在图拉真的光荣远征之后，他刚刚把美索不达米亚归还给帕提亚的国王，并恢复了两个帝国之间的正常商业关系。

商业定居点领导者的铭文揭示的另一个有趣的事实是，帕提亚的帕尔米拉定居点在帕尔米拉商人和希腊商人之间划了一条清晰的界线。在这份铭文中，两者仿佛是两个独立的组织。帕尔米拉人似乎并不认为自己是这个希腊世界的一员，而是以身为帕尔米拉人而自豪。

无论是在帕尔米拉，还是在帕提亚，商业定居点的领导者都是重要人物。虽然当地商人社区拥有一定的自治权，但他们在各自的定居点很可能被赋予了几乎是国王才拥有的权力。他们肯定自认为是帕尔米拉民众的子孙。

最后，为了让读者对展示帕尔米拉商业定居点生活和帕尔米拉商人性格的文本有所了解，下面我会提供其中的一段。我要引用的这份铭文是普瓦德巴尔神父（Father Poidebard）在其地理学和考古学探索的过程中发现的，地点是帕尔米拉南部沙漠一个被填平的水井旁。铭文刻在一根巨大的圆柱上，这根圆柱很可能曾立在帕尔米拉要人苏阿多斯（Soados）雕像下方的水池旁边，作为往返于帕尔米拉或从一口井转移到另一口井的商队的指南。

我这里翻译其中的几行："帕尔米拉的元老院和人民向波利阿德斯（Boliades）之子苏阿德多斯致敬，他是一个虔敬之人，热爱故土，在很多重要的场合高贵而慷慨地保护了商人、商队和沃洛吉西亚的同乡的利益。哈德良皇帝和他的儿子安东尼皇帝的书信，普布利乌斯·马塞拉斯（Publius Marcellus）的一条法令和一件书信，还有本行省多位总督的书信都证明了这一点。帕尔米拉元老院和人民、商队及个体公民，以颁布法令和竖立雕像的形式向他致敬。"正是为了铭记他所做的这些贡献，国家在帕尔米拉为他竖立了四尊雕像，元老院和人民在城市之外为他竖立了三尊雕像，一尊在条支，一尊在沃洛吉西亚，还有一尊在商队贸易站戈奈伊斯（Gennaes）。

图版二十三　帕尔米拉的居民
（图片说明见第152页）

1. 年轻的祭司

2. 戴面纱的妇女 　　　　　3. 学童

另一段铭文很好地说明了商队领袖的职责。在帕尔米拉的商队客栈附近，有一个巨大的顶柱过梁，上面有一段铭文，英霍尔特（Ingholt）教授最早将其复制下来。这是一条向一位名叫欧盖罗斯（Ogelos）的杰出帕尔米拉人致敬的法令，赞颂他的英勇，表彰他在针对游牧民的几次战斗中的优异表现，以及他在多次担任商队领袖期间对商人和商队的帮助。

帕尔米拉的文化也很奇特，它很复杂，很难加以定义。我们掌握了一些有助于我们了解这种文化的事实，但是这一方面的研究并不充分。即使起初一部分人口是游牧的贝都因人，在这个新的城市，当他们接触到商人和银行家之后，他们肯定很快就忘记了他们的贝都因习惯。这些商人和银行家要么来自巴比伦、大马士革、佩特拉这些古老的商业城市，要么来自叙利亚和巴比伦的其他城市。帕尔米拉人多年一直生活在帕提亚的城市，而相当多的帕提亚人可能已经迁移到帕尔米拉。许多帕尔米拉居民对西方并不陌生。作为商人和士兵，他们在亚历山大里亚和埃及的其他城市，在罗马和意大利，甚至在罗马帝国的西部省份生活多年。不时会有帕尔米拉人成为罗马帝国统治贵族的一员。在军队、军官、朝臣和相当多的罗马官员的陪同下，一些罗马皇帝（如哈德良和亚历山大·塞维鲁）不定期地来到帕尔米拉，来到当地贵族中间。所有这些交往一定影响了这个城市的生活，并给它打上了独特的印记。

因此，毫不奇怪，帕尔米拉富有的商人们住在巴比伦式的漂亮豪宅里，过着一种奇特的生活，其复杂性是独一无二的。所有的贵族都自然地用阿拉姆语和希腊语阅读和写作。帕尔米拉的安德莱因子爵（Vicomtesse d'Andurain）收藏了一尊很吸引人的坟墓雕像，刻画的是一个贵族家庭的男孩，手里拿着一个由木制写字板组成的笔记本，打开的那一页上写着希腊字母表的最后几个字母（图版二十三 3）。

如果说帕尔米拉居民的知识生活是希腊式的，他们的服装和家具则既不是闪米特式的也不是希腊式的，而几乎完全是帕提亚人的风格。看一看男性穿的那种宽大的裤子和绣花长袍，看一看铺在睡椅上的美丽的毯子，看一看他们饰有浮雕图案的帽子、水杯和镶满宝石的搭扣。再看看他们的妻子的衣着，以及从上到下的珠宝，与此类似的特征只有在波斯才能找到（图版二十三 1，2）。

帕尔米拉艺术的问题还要复杂。第一印象是它完全是希腊式的，但我认为这种第一印象是不正确的。成百上千的全身雕像、半身像和浅浮雕所代表的帕尔米拉的雕塑艺术，呈现的是神灵和人的形象和各种宗教场景，在对头颅和肢体的处理方面十分柔弱，缺乏活力，在四肢的处理方面显得无能无力，倾向于图像元素和对服装、家具的细节描绘（这些都是希腊雕塑所没有的特征，而是典型的东方造型艺术的特征）。因此我们不能称这种雕塑为希腊式的，或者是希腊罗马式的。如果我们寻找与此相似的风格，我们会发现与帕尔米拉雕塑最相似的不是巴比伦、亚述或波斯，而是北闪族国家和安纳托利亚，是北叙利亚和安纳托利亚的考古研究最新发现的艺术，我们统称其为赫梯艺术。从辛色利（Sendjirli）、卡尔凯美什（Carchemish）和哈拉夫（Tell Halaf）等遗址的几百个雕像和半身雕像可以看出，虽然它们与更早的帕尔米拉雕塑之间年代相差久远，却和帕尔米拉的造型艺术有明显的相似性。我们可以在不会误导读者的情况下指出，帕尔米拉的雕塑是阿拉姆和安纳托利亚造型艺术希腊化的后代。这一发展早期阶段的代表是科马吉尼的尼姆鲁德-达格遗址著名的希腊化后期雕塑，和帕尔米拉的情况一样，这里的叙利亚-安纳托利亚的希腊化雕塑带有伊朗的元素，无论是在风格方面，还是在衣着和武器方面。这种希腊—叙利亚风格和希腊—巴比伦风格构成了盛行于帕提亚帝国西部地区的两种雕塑风格，后者的代表是在巴比伦发现的几百个石膏和黏土小雕像。东部地区对印度艺术和中国艺术都产生了深远影响的艺术发展是不同的，无关本书宗旨。然而，希腊化时期和罗马时期美索不达米亚两大雕塑流派对印度所谓的犍陀罗艺术的发展产生了一定的影响，反之，伊朗晚期艺术也同时影响了美索不达米亚和叙利亚，这并非不可能。

绘画和雕塑一样引人注目。尽管有数百座雕塑遗迹留存下来，但在帕尔米拉，绘画作品却十分罕见。那些肯定存在于私人住宅和神庙里的画都已经消失了。然而，在杜拉的重要发现表明它们曾大量存在，帕尔米拉的房屋和神庙与杜拉的一样，都穿着色彩鲜艳的衣服，显得十分华丽。帕尔米拉流传下来的绘画是在坟墓中发现的，尤其是在那些凿在岩石上的地下墓室，这在帕尔米拉的死者之城的一些地方是很典型的。和这些雕塑一样，这些墓室的壁画也展示了埋葬在其中的逝者的画像，既有完整的人像，也有由胜利女神之翼支撑的大奖章，还有一些神话场景和一些装饰图案。在这里，我们一开始也会被图画的希腊特征所震撼，需要更仔细的研究来辨别其中的非希腊元素。然而，由于杜拉的绘画比帕尔米拉丰富得多，而且杜拉的绘画在一定程度上与帕尔米拉非常相似，所以我把对杜拉和帕尔米拉的绘画讨论留到下一章。

总之，帕尔米拉文化的外在方面以其复杂性和独特性而引人注目。它是各种元素的奇怪混合：伊朗元素的服装、武器和家具，大量的金银饰品、刺绣和毯子；巴比伦元素被强烈希腊化的神庙和房屋；叙利亚—安纳托利亚元素被希腊化的雕塑；可能还有希腊—伊朗元素的绘画。这些是这种混合中一些最为显著的构成要素。因此，很明显，如果我们只知道来自西方的构成要素，我们就永远无法理解帕尔米拉。希腊元素只是一层薄薄的外衣，这层外衣下的东西来自东方世界的各个地方，来自伊朗、巴比伦、安纳托利亚和叙利亚北部。

图版二十至二十三的图片说明

图版二十　帕尔米拉诸神

1. 帕尔米拉的三位主神，即贝勒、亚希波尔和阿格利波尔，黏土镶嵌物。正面是贝勒的半身像，站在圆球上的胜利女神正在为他加冕，在左侧，战神马尔斯正走向半身像。半身像下方是两个印模，一个描绘的是面向左侧的女性头部，另一个描绘的是墨丘利。左侧是镶嵌物的反面，上面描绘了两个形象，左边的是身穿军装、头戴辐射形冠的亚希波尔，他挂着一根长矛或权杖。右边的是阿格利波尔，他肩膀后面有一个新月图案，衣着和姿势都和亚希波尔一样。两侧的铭文是两位神灵的名称。

2. 帕尔米拉的三位主神，黏土镶嵌物。描绘的是三位主神立在神庙里的正面视图。镶嵌物的反面是一个男性（祭司？）斜躺在长榻上的形象。他的左边是一个大的调酒碗，右边是月亮和一颗星星。上方是一个印模，描绘的是一个没有胡子的男性，面朝右侧。最下面的铭文是这位男性（贝勒的祭司）的名字：瓦巴拉特之子马利克霍（Malikho son of Wahballath）。

3. 阿苏神，商队的保护神，黏土镶嵌物。正面是一位年轻神灵的半身像，左边是新月（？），下面是一头向右奔跑的公牛。下方是金星。反面是一个全副武装的神的正面视图。左边刻着他的名字，即阿苏。

图版二十一　帕尔米拉诸神

1. 阿塔加提斯，黏土雕塑。她坐在宝座上，两侧各有一头狮子。她挂着权杖，左手拿着一些花（？）。在她右前方是太阳神的辐射形半身雕像，下方是金星和弯月。左侧是一位戴面纱的女性半身像。

2. 阿塔加提斯和哈达德，黏土镶嵌物。正面是如上所示的阿塔加提斯，背面是她神圣的丈夫哈达德，他身穿帕提亚军装，手里拿着一根权杖（或长矛）。铭文是一个人的名字。

3. 战神阿拉特，黏土镶嵌物。正面是女神的正面视图，她的两侧有两个高高的容器，容器里有植物（芦苇？）伸出来。背面是一头水牛，水牛的上方有一弯新月，右侧是柏树，下方是两座祭坛。

4. 帕尔米拉的堤喀，黏土镶嵌物。正面是位于神龛里的女神的半身雕像，她右手拿着一个圆球，左手拿着一根棕榈树枝。在背面，一个牧师坐在椅子上，正在从一个大调酒碗里舀酒。

5. 帕尔米拉的堤喀或贝勒，黏土镶嵌物。年轻男神或女神的正面半身像，手握橄榄枝，头戴象征丰饶的果篮。左右两侧各有一颗星。铭文上写的是"保护橄榄树的命运女神"。背面是贝勒神的标记（三个帕尔米拉字母）和位于两把祭祀刀之间的磨刀石。

图版二十二　帕尔米拉诸神

1. 阿苏和阿兹祖，浅浮雕。描绘的是一个正在向两个神灵献祭的人，两个神灵一个骑在骆驼背上，身穿军装，右手持矛，另一个骑在马背上，身穿普通衣服，也是右手持矛。铭文是这两位神灵的名字和奉献这个浅浮雕的阿苏的祭司。

2. 阿苏，黏土镶嵌物。正面是身穿军装、手持长矛的阿苏。他的右下方有一个牛头，左右两侧是专有名称的铭文。背面有一头拖着重物的骆驼，朝右而立，旁边是赶骆驼的人，一手拿着袋子，一手拿着树枝。

3. 阿苏。正面是一头拖着重物的骆驼，朝右而立。骆驼上方和下方各有一颗星。骆驼对面是一个正在焚香献祭的祭司。背面是一位双手各握着一个旗子的祭司，祭司两侧各有三颗星。

图版二十三　帕尔米拉的居民

1. 一位年轻的祭司斜躺在铺着绣花毯的卧榻上，他身穿有着精美刺绣的波斯服装，包括一件有束腰带的衬衫，一件用圆形胸针系住的披风，装饰着宝石的宽大裤子，同样装饰华丽的鞋子。他头戴一顶圆锥形的帽子，在他旁边的柱子上，放着他作为祭司的冠冕。旁立者是他的仆人，衣着与他类似。

2. 一位戴面纱的妇女的半身像，她戴着昂贵的带状头饰和耳环，胸前精美的饰品，手腕上戴着重重的臂环。她的披风用一枚胸针系在左肩上，胸针下方挂着家里的钥匙。她的束腰外衣绣得很华丽。她的右手拿着编织和纺纱工具。右侧刻着她的名字。

3. 学童半身像，他戴着项圈，穿着一件用一枚圆形胸针固定在右肩上的短外衣。他右手拿着一支手写笔，左手拿着学生用的写字板，上面写着希腊字母表的最后几个字母。

第六章　杜拉遗址

与富有浪漫色彩的帕尔米拉不同，杜拉的历史平淡无奇。在1920年以前，考古学家和游客几乎都很少到这个遗址，事实上，我从来没有听说过任何一个游客来这里。这并不是说这座城市难以到达，因为它现在就像几百年前一样，坐落在幼发拉底河沿岸的商队大道上，位于代尔祖尔（Deir es Zor）和阿布开美（Abu Kemal）的中间位置。前者是幼发拉底河中部的一个大型贸易和军事城镇，后者是伊拉克边境上的一个小村庄，由法国托管。只有两三个更有冒险精神的考古学家去过那里，即使是这些人，似乎也对它那雄伟的塔楼、城墙和堡垒不感兴趣。所以直到最近杜拉才在考古和历史著作中被提及，我所说的关于它的历史完全是根据过去几年进行的挖掘工作所提供的信息。

虽然考古学家都知道这个遗址的发现过程，但它足够重要和浪漫，值得复述一遍。1920年，第一次世界大战即将结束，在这座古城西北角的防御工事附近，英军印度兵分遣队的指挥官墨菲上尉（Captain Murphy）在杜拉的遗址上挖掘战壕和建造堡垒时，意外发现了一座装饰着有趣壁画的寺庙遗迹。不久，人们就发现这些壁画装饰的是一个圣所的墙壁，在其最后一段被使用期间，这个圣所是用来祭拜帕尔米拉的三个军事神灵的，分别是贝勒神、月神阿格利波尔和日神亚希波尔。墨菲上尉把他的发现报告给了伊拉克文物部主任格特鲁德·贝尔（Gertrude Bell）小姐。当时，美国著名的埃及古物学家詹姆斯·布雷斯特德（James Breasted）正好在伊拉克，贝尔小姐请他去杜拉查看这些壁画。当布雷斯特德到达杜拉时,他发现英军支队即将离开这里,而他只有一天的时间来进行考察。在这一天里,他画出了壁画的草图,拍下了照片,在不进行挖掘的情况下画出了圣所的平面图,并草草记下了这座城市及其防御工事的粗略轮廓。

战争结束后,布雷斯特德向法国铭文学院(French Academy of Inscriptions)报告了这一发现,这个机构立即决定对杜拉进行挖掘,此时这里已经成为法国的托管地。比利时考古学家弗朗茨·库蒙是该学会的一名准会员,他被提名为主任,这使他能够连续两年在杜拉开展研究。他的工人是法国外国军团的士兵,其中有几个俄国人。许多有趣的物品被出土,挖掘的结果被库蒙写成了两本大部头的著作,1926年在巴黎以《杜拉-欧罗普斯的发掘》(*Fouilles de Doura-Europos*)的书名出版。遗憾的是,尽管库蒙显然还没有找到与杜拉有关的所有重要历史问题的答案,法国铭文学院和叙利亚政府都已经没有足够的资金继续进行这项工作。事实上,可以说库蒙的发掘第一次提出了这些问题。

尽管正如我们已经看到的那样,在财富或历史重要性方面,杜拉无法与帕尔米拉相提并论,然而正是在这样一个城镇,我们可以最合理地期望找到丰富的材料,使我们能够解决最感兴趣的问题。公元前280年—公元256年前后,在大约六个世纪的时间里,这座城市先后被马其顿人、帕提亚人和罗马人所占领。在公元3世纪中叶,它被摧毁和遗弃,再也没有人居住过。因此,我们应该能够由此追溯亚历山大大帝及其追随者沿着闪米特和伊朗世界的主要道路建立希腊马其顿城市的历史——在闪米特人和伊朗人的世界中,这些城市如同大海中的小岛。我们知道其中几个城市的名字,但对它们的生活、活动和文化却知之甚少。我们也或多或少知道这场实验的结果,因此可以有把握地说,伊朗人和闪米特人的波浪吞没了这些小岛,虽然现在还不可能确切地说这是如何发生的,也不可能描述它们的年代。

我已经说过,对于历史学家来说,获取有关帕提亚文明、历史和政体的信息是多么重要。帕提亚人的生活状况仍然不为人所知,尽管我们可以确

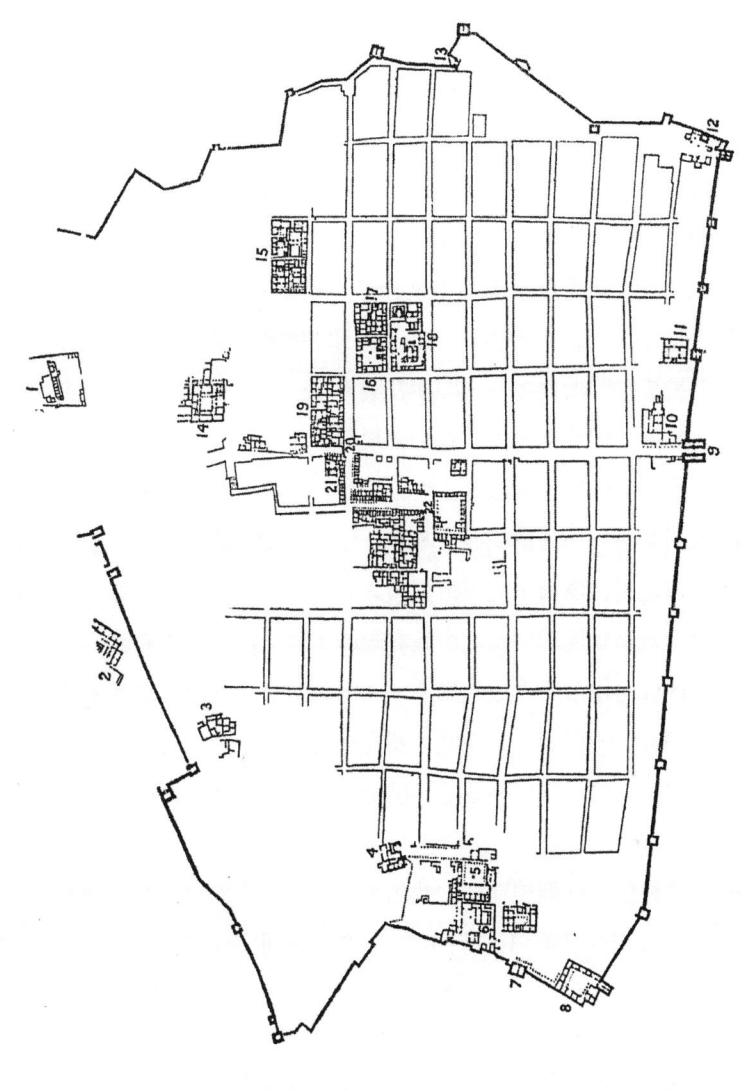

杜拉平面图

1. 挖掘营地
2. 堡垒和堡垒宫殿
3. 军事神庙
4. 浴场
5. 将军府邸
6. 阿尔忒弥斯-阿赞纳特孔纳神庙
7. 弓箭手塔楼
8. 帕尔米拉诸神的神庙
9. 主要大门
10. 浴场（对面是堤喀神庙，浴场的平面图显示的是挖掘之前的状态）
11. 基督教堂
12. 阿弗莱德神庙
13. 边门
14. 棱堡和楼堡宫殿
15. 私人住宅
16. 阿塔加提斯和哈达德神庙
17. 祭司的住所
18. 阿尔忒弥斯-南奈神庙
19. 私人住宅（发现萨珊壁画的那个房子也在其中）
20. 主要大街上的罗马凯旋门
21. 尼布切洛斯家的房子
22. 广场或市场

定无疑地说，他们的生活多种多样，在印度是一种情况，在波斯是另一种情况，在美索不达米亚又是另一种情况。杜拉作为一个在大约三个世纪的时间里都属于帕提亚帝国的城市，它自然不能给我们提供解决所有这些问题的答案，但是它已经使我们能够提出这些问题，而且在将来的某一天，它无疑将帮助我们至少解决其中的一些问题。

人们或许会认为杜拉的大多数遗迹应该是罗马时代的，这是它生命的最后一段时期。虽然美索不达米亚的马其顿和帕提亚时期仍然隐藏在黑暗中，罗马时期要更加明晰得多——即使在美索不达米亚不是如此，至少在叙利亚是这样。然而，即使在这里，我们发现我们的了解也是不完整的，我们不妨问一句，是否已经做了足够的工作来通过对现有材料的仔细研究增加这种了解。在叙利亚，罗马的影响显而易见，但在幼发拉底河上，其影响也很强大吗？正是在这里，罗马历史上最引人入胜的问题出现了。比如，罗马的帕尔米拉政策肯定是其灵活的制度中最有趣的实验之一，而更有趣的是去探究罗马对杜拉这样的城市所造成的影响——因为虽然它的起源是闪米特人，但其本质上是马其顿—伊朗的，因此对罗马来说是完全陌生的。人们想知道罗马和希腊文化是如何在那里相遇的，以及罗马人是如何处理幼发拉底河沿岸的领土问题的。

这些是我们可以期望在杜拉找到至少部分答案的最重要的问题。库蒙的挖掘工作让我们得以提出这些问题，他的发掘也给我们带来这样一种希望：如果运气好（在某种程度上，挖掘工作总是要靠运气），再辅之以系统而科学的研究，杜拉将为上述问题的解答提供很多有价值的东西。

正如我们所料，库蒙的挖掘无疑表明，在杜拉不可能挖到一流的建筑、雕塑或绘画艺术作品，也不可能挖到大量的金银珠宝，甚至也挖不到涉及重大政治问题的国家文件。它从来都不是一个富有的大城市，也从来不是重要的政治生活中心，而仅仅是一个迷失在希腊文明和帕提亚文明边界上的小城市。

然而，我们可以合理地期待，在这里能够发现大量的物品，它们可以帮助我们了解这座城市600年历史的几个方面,而在其他古代城市的遗址不可能找到这样的东西。

因为沙漠里的沙子不仅保存了在其他古代遗址中保存在泥土里的石头、陶器和金属,而且还保存了木材、纺织品、皮革和纸张,以及在羊皮纸和莎草纸上的文字。我们已经从埃及了解到这些遗迹,尤其是纸莎草纸上的文字,是多么珍贵,因为通过这些,我们对这片土地过去的了解比对古代世界其他任何地方的了解都要多。

当得知法国和叙利亚方面不会再提供资金支持在杜拉继续进行发掘时,我在征得库蒙同意的情况下设法在美国筹集所需的款项。在我任教的耶鲁大学的校长詹姆斯·R.安吉尔(James R. Angell)教授的热心支持下,我得以筹集到必要的资金。目前,杜拉的发掘工作正由耶鲁大学的成员与法国铭文学院合作进行。我们已经在那里工作五年了。关于挖掘工作的三份初步报告已经发表,我们只希望我们的研究工作的结束能够像其开始一样成功。以前是建筑师和考古学家皮列指导这项工作,现在则是耶鲁大学的克拉克·霍普金斯教授负责。库蒙和我负责科学历史方面的工作,耶鲁大学在洛克菲勒基金会的协助下提供了整个探险的资金。这里我会向读者大致介绍一些已经完成的工作。关于库蒙的工作,我只会简单地说一下,但是我会更详细地介绍耶鲁探险队的情况。但首先,我要谈谈我1928年和1930年的春天在杜拉度过的旅程,以及我们在那里的生活。

无论是从贝鲁特还是从阿勒颇,要到达杜拉都不太容易,这是一段漫长而累人的艰难旅程,尽管距离不到700公里,至少需要三天时间。路上最好安排四天三夜的时间,如果乘船到达叙利亚,就从贝鲁特出发,如果从君士坦丁堡乘火车到达,就从阿勒颇出发。有一条铁路连接着贝鲁斯与大马士革、霍姆斯和阿勒颇,但在叙利亚很少有人乘火车旅行,因为汽车已经取代了铁路上的所有客运。任何一个叙利亚人都愿意花1英镑(20法郎)在拥挤的福特车上摇摇晃晃,也不愿意花两倍的钱在同样拥挤、肮脏、闷热的三等火车车厢里。

160　　如果从大马士革、霍姆斯或阿勒颇的主要出发点出发去杜拉,福特或雪佛兰是唯一的交通工具,因为在这些地区,至少对欧洲旅行者来说,骆驼已经永远回到了传说中的世界。从大马士革或霍姆斯到达帕尔米拉必须穿过沙漠,然后再从那里到达代尔祖尔。如果从阿勒颇出发,首先要到达幼发拉底河,然后沿着河岸到达代尔祖尔。要知道,由于急流和频繁的漩涡,幼发拉底河并不容易航行,只有当地的重型驳船可以保证安全,即使这种驳船也只能顺流而行,空驳船逆流而上要靠绳子。沿河而行从代尔祖尔到杜拉有90公里的距离。

　　正如我已经说过的,这趟旅程又长又累。有路的地方路面很糟糕,但大多数情况下根本就没有路。因此,沙漠成为一条巨大的道路。明智的做法是避免在沙子多的地方行驶,因为汽车很容易陷在那里,最好选择有小石头的地方,因为大的石头不仅会让旅行者吃不消,而且很容易弄断发动机的弹簧。如果路面上有一层沙砾,这就是最好的公路了。由于不可能总是避开沙子和石块,人们常常不得不高速穿过沙丘,否则就会被一些大石头抛到空中。这段旅程也不是完全安全的,因为尽管贝都因人还记得大马士革起义后法国人给他们的严厉教训,但他们有时会因为天生的无法无天而铤而走险。

161　　例如,他们最近在伊拉克的英国领地上(法国人是这么说的)俘虏了一个英国女孩,在这个本来是处女之身的姑娘告诉酋长她已经是三个孩子的母亲后,他们才同意释放她。比贝都因人更危险的是沙漠。如果发动机、轮胎或者车轴坏了,你可能不得不在那里坐上几个小时,不吃不喝,盼望着早点有人前来帮忙。因此,对汽车来说,两辆或三辆一组行驶是更安全的,并且要储备充足的粮食以应付突发情况。

　　在通往杜拉的道路中,塞琉古时代的商队路线非常有趣。它们都从奥伦提斯河上的安提阿到底格里斯河上的塞琉西亚。其中两条路线我亲身体验过,一条经过阿勒颇顺流而下到达幼发拉底河,另一条沿着奥伦提斯河到阿帕梅亚,然后再从这里到哈马并穿过沙漠到幼发拉底河。当我们沿着这些道路行进时,整个塞琉西亚在我们面前展开。我们凝视着这片土地,从伟大的安条克时代开始——甚至从巴比伦、赫梯或亚述时代开始——这里的生活仿佛没有发生任何变化。观察人们的居住形式从一个地区到另一个地区的变化是一件很有趣的事情。在奥伦提斯河流域，芦苇生长繁茂，但那里没有木材，房屋是用芦苇和黏土建造的，干燥的粪便被用作燃料。这些房子的形状让人想起贝都因人的帐篷。当我们离开这里，踏上从阿帕梅亚到阿勒颇的旅途，开始进入山区，房屋的类型立刻发生了变化：石头取代了芦苇和黏土。房子并不多，但是只要有房子，都高大而结实，甚至看起来很美观。在这里看到的不是奥伦提斯河流域下面是古老的芦苇小屋的土墩，而是世界上最完整、保存最完好的遗迹。叙利亚北部因此而闻名遐迩，在这里，整个村庄、农场、修道院、教堂，甚至小城镇都被保存了下来。在叙利亚的山区有数百个这样的地方，它们都是罗马晚期或拜占庭时期的，因为在那个时期之后，山区可能是由于降雨量减少而被遗弃了。这些遗迹中最有趣的是离阿勒颇不远处古老的圣西蒙修道院。教堂坐落在山上，而在下面的山谷里是修道院建筑，一系列的大厅、房间、商店、餐厅等，旨在为慕名而来的朝圣者提供服务。整个建筑让人荒诞不经地想起俄罗斯的谢尔盖三圣大修道院。

　　游客们向下进入阿勒颇的谷地。这是一片干旱的无树平原，有着厚重的黏土，就像通往沙漠的前厅一样，在这里，风景再次发生了变化。一簇又一簇锥形的黏土小屋从平原上冒了出来。这些小屋里没有一点石头、木头或芦苇的痕迹，一切都是黏土做的。这些黏土村庄让我想起了俄罗斯的养蜂场——在典型的俄罗斯村庄外围，会有成百上千个锥形原始蜂房。据说，阿勒颇平原上的人们住的这些奇怪的蜂房里面，非常干净舒适。

　　随着幼发拉底河越来越近，风景又一次发生了变化，这对我们研究杜拉尤其重要。这里的房子是常见的四角形的，部分用石头建造，但主要是用未烧制的土砖。天花板是用从幼发拉底河岸边采集的细细的红柳树干或从美索不达米亚带来的棕榈树做成的，屋顶是泥土的。

　　今天，就像在遥远的过去一样，杜拉的游客既可以通过这条路线，也可以穿过沙漠到达帕尔米拉，然后从那里直接到达幼发拉底河。也许他也得像我们一样，在代尔祖尔住上一晚。在这家旅馆，一个房间里有五六张没有亚麻床单的床，住着许多不太讨人喜欢的长期住客。如果这个旅行者在这种磨难中幸存下来，他将会像我们一样到达杜拉。我们作为考古挖掘者的生活就这样开始了。

每当有朋友告诉我说考古学家的生活肯定充满冒险、浪漫和魅力时，我会回答说，他应该花上两三个月的时间自己尝试一下。总的来说，我们这一行无疑是很有趣的，尤其是当我们有重大发现的时候。但总的来说，这份工作脏兮兮的，灰头土脸。随着季节的不同，要么汗流浃背，要么寒风刺骨。即使在最好的时候，这也是一项又累又饿的工作。

我们在杜拉发现了什么呢？乍一看，这里似乎是个天堂。我们面前是幼发拉底河陡峭的河岸，我们站在那里，脚下是一片美丽的景色。河流宽阔、泥泞而湍急，河的右岸是一片片红柳树丛，野猪仍然在那里游荡。河的另一边是伊拉克连绵不绝的田野和沙漠。陡峭的河岸边上矗立着杜拉的堡垒，一个被高墙环绕的长方形建筑（图版二十四 1）。通往城市的通道有两个巨大的大门，每一个大门都由两座塔楼保护着，它们位于长方形较长的一边，面朝城市。在幼发拉底河的一侧，城墙早已倒塌并落入河中。

我们决定先在这个堡垒扎营，直到我们在它的脚下建造一所更长期性的房子。我们把半埋着的大门的拱门变成了餐厅和书房，把我们的仪器和挖掘出来的物品存放在一个没有屋顶的塔楼里，在另一个塔楼里安置了我们的厨房。这一切听起来很有诗意，也很舒服，实际上也真的不算太糟。最好的时候是在晚上，沙漠之上星光灿烂，从幼发拉底河上吹来阵阵凉风，耳畔是远处隐约而有节奏的水轮声，蝙蝠和夜鹰从头顶飞过，不时地有狐狸或豺狼的叫声打破这一片寂静。清晨，当太阳披着粉红色的斗篷冉冉升起的时候，景色非常壮观。

但是黎明之后是白天，随之而来的是日常生活的种种现实。人们必须吃饭喝水，而在沙漠炎热、干燥的空气中，后者是必不可少的。乍一看，供水问题似乎很简单，因为幼发拉底河近在咫尺，人们可以在那里洗澡或取水。

但我们不能从高耸的悬崖跳入幼发拉底河，而要走四英里才能到河边。即使到了河边，我们也会遇到俗话中所说的到手的东西也会不翼而飞的情况，因为靠近河流的河岸是陡峭而不稳固的，可能一脚踩上去就会出现坍塌。而这往往意味着性命之虞，因为幼发拉底河水流湍急，到处都是漩涡，没人能指望在里面安全游泳。如果你想洗衣服，不能直接在河边洗，你得拿一个水桶，系上绳子，扔到河里，把水取出来。不管你多么口渴，也要小心不要喝幼发拉底河的水，不是因为它的颜色像淡咖啡，而是因为里面充满了肠炎病菌，会引发严重的痢疾。因此，你不仅要去取水、提水，还要过滤、烧开才能饮用。要想填饱肚子，也会面临同样的问题。沙漠和幼发拉底河的小树林里到处都是野味，有两三种不同种类的鹧鸪像母鸡一样安静地在那里昂首阔步，鸽子、瞪羚、兔子和野鸟比比皆是。可是，虽然猎物很多，却无法到手，因为贝都因人的武器都被法国人没收了，而我们自己也没有时间去打猎。阿拉伯人有绵羊和山羊，肉可以从他们那里买到，但实际上是不能吃的；这里没有牛奶，面包嚼起来像在美国深受欢迎的口香糖。因此我们主要吃罐头食品。

但这些问题只是困难的一部分，最大的困难是如何找到工人。贝都因人不习惯劳作，他们身体虚弱、食不果腹，而且生性懒惰。金钱也无法诱惑他们，因为他们工作只是为了缴税，而一旦攒够了钱，他们就溜之大吉。此外，他们还很多疑，坚持要沉重的土耳其硬币作为报酬，只要稍微不顺心，马上甩手走人。此外，他们是彻头彻尾的野蛮人，挖掘出来的东西有很多被他们破坏，剩下的也有很多被他们顺手牵羊。事实上，在这个地区没有一个人可以信赖，因为即使是在叙利亚的欧洲人也不值得信任——他们人品很差，大多是小偷和醉汉。在我们第一次来这里时，不得不解雇我们的欧洲厨师和司机，并求助于武装部队以摆脱他们，可见他们造成了多大的麻烦。然而，现在这一切都已经成为过眼云烟。我们和当地居民都更好地习惯了彼此，表面上是秩序井然，但在这一表面之下，前一种情况继续存在，而且很可能会永远存在下去。沙漠也成了考古学家的天敌，这里干燥而贫瘠，碰到哪儿都会扬起一团灰尘，好久不会落下来，因此挖掘者每天都站在灰尘中，吃的是灰尘，呼吸的也是灰尘。灰尘会穿透他皮肤上的毛孔，当他回到家时，就变成了一个不折不扣的泥人。但即使到了家里，也没有热气腾腾的浴缸等着他。沙尘暴让事情变得更加艰难，一旦沙尘暴从早上开始，通常会持续整整三天。

然而在杜拉的挖掘工作是有趣的，也是令人兴奋的。在这五个挖掘季中，我们完成了有价值的工作，发现了许多有趣的东西。关于这些，后面很快就会介绍到，这里我先简单介绍一下这项工作的特点，我将通过一个例子来说明这项工作有多么激动人心。在第一季中，我们在杜拉的主要城门周围展开挖掘。城门分为三部分，拱顶下方是大门，通向守卫城门的塔楼。这些入口左右两侧的墙壁上布满了数以百计的铭文，都是出自驻军士兵、商人、海关官员和搬运工之手，他们都因此而让自己的名字永远流传下来。其中一个门旁边有许多铭文，那里有一排涂满石膏的祭坛。其中一个祭坛上面的铭文是划出来的，而不是刻出来的。一天，当我检查它的时候，我突然注意到厚厚的石膏下面有一块石头。很明显，石膏里藏着什么东西，于是我拿起刀子，划了个十字，然后剥开它。令我高兴的是，石膏下面藏着一个小巧可爱的石头祭坛，上面有阿拉姆语的铭文。这是一个非常有价值的发现，受此鼓舞，我开始扒掉祭坛下部和祭坛之间的石膏。当我完成的时候，另一个微型祭坛出现在我面前，上面刻有图画和铭文，这是另一个最重要的发现，对我们了解杜拉的后期军事历史有很大的启发。

读者可能会问，库蒙和耶鲁探险队的发现究竟揭示了什么。毫无疑问，现在下定论还为时过早，因为挖掘工作仍在进行中。但是，有些事实已经明确，不太可能受到未来结果的影响，我们将要谈论的就是这些事实。

遗憾的是，到目前为止还无法描绘这座城市精确的平面图。库蒙的平面图是在空中摄影的帮助下绘制的，已经被我的学生霍普金斯修正和更新，他整个第二季一直在杜拉（见杜拉平面图，第127页），现在负责发掘工作。虽然它的主线是正确的，但在细节上仍然不准确，需要一些改进。然而，这里我们最关心的就是主线。它们向我们展示了公元3世纪的杜拉，我们发现在这一时期，这座城市是要塞和商队城市的奇特结合。

我们仍然无法知道这种情况是否一直如此，因为我们对历史地形的了解仍然非常模糊。也许亚历山大时期杜拉的规模比我们正在挖掘的这座城市要小。它可能只占据了幼发拉底河商队道路两边有限的空间，可能被一两个要塞所保护，而它们就位于现在的要塞和所谓的棱堡的宫殿所在的地方。我们还不能证明这种可能性，但如果资金够用，我们就可以通过系统地挖掘要塞和棱堡之间的那一部分来阐明这个问题。到目前为止，除了棱堡的支撑墙外，我们没有塞琉古时期建筑的遗迹。我们挖掘的所有建筑物，不是帕提亚时代的，就是罗马时代的。

罗马和帕提亚时期杜拉的轮廓，清楚地呈现在我们面前。这座城市坐落在一片沙漠之中，西北部和东南部被两条向下一直延伸到幼发拉底河的峡谷环绕。这里三面有墙，并有一排塔楼防守（图版二十四 2）。塔楼大多是方形的，而且是双层的。将这座城市与西南的沙漠高原隔开的城墙笔直如箭，而俯瞰峡谷的城墙则沿着两个峡谷的悬崖边缘伸展。杜拉的第四个防御是东北部悬在幼发拉底河上的峭壁，峭壁与城市高原之间是第三条峡谷，峡谷从东南到西北一直通到城市里，从代尔祖尔到阿布开美的现代幼发拉底河公路就经过这里。幼发拉底河峭壁的顶部是上文描述的长方形堡垒，它肯定与城墙相连，并包含在城墙之中。然而，这部分城墙连同堡垒的北墙一起崩塌到了幼发拉底河。因为堡垒下面的峡谷（我们称之为堡垒峡谷）还没有被挖掘出来，我们不知道位于堡垒和城市高原之间的城市下部（可能是城市最古老的部分）是如何与后来城市的主要区域——上城——相连的。另一条深沟从南到北从上城主要街道的尽头一直延伸到堡垒，连接着高地的上部和堡垒峡谷的底部。这个峡谷可能从远古时代就存在了。它从来就不是一条对人、牲畜或车辆开放的普通街道。在古代，从主街的尽头有一段台阶通到下方的堡垒。城市内部的两个峡谷让城市高原的东南部形成了一个堡垒，悬在两个峡谷之上。这个天然堡垒被库蒙称为"棱堡"。这个"棱堡"的陡坡是由希腊

图版二十四　杜拉堡垒

1. 东南方向：有两个塔楼和城门的堡垒的局部，石头上方是要塞的遗迹

2. 西北方向：城门和塔楼

图版二十五　杜拉棱堡

1. 环绕棱堡并使其看起来像堡垒的希腊化支撑墙

2. 棱堡上方宫殿的入口。前景是一座山门的两根柱子，主要入口的左右两侧是那些守门者或等待入城者坐的长凳

170 化时代的城墙支撑着的,上面有一座重要的建筑物,后面我会介绍。我已经说过,"棱堡"的城墙是这座城市现存的最古老的遗存(图版二十五 1)。

我们最近的发掘使我们能够相当准确地追踪这座堡垒的历史。由我们最先发现的堡垒山上的遗迹属于两个时代,都比罗马时代早。我们在帕尔米拉众神神庙的铭文中读到,公元前160年发生了一场大地震,导致堡垒的一部分和北面的防御工事坠入幼发拉底河。从那时起,或者至少从罗马人占领杜拉以来,这座堡垒一直处于半毁坏的状态。

正如我说过的那样,堡垒顶部的两组遗迹都是罗马时代以前的。较古老的那一组可能属于希腊化时代,其中只有一些地基幸存下来。后者以两座巨大的方形建筑遗迹为代表,建造这些建筑的石头是在堡垒附近的峡谷中开采的。正如在那里发现的物品,尤其是硬币所表明的那样,不会比塞琉古晚期或帕提亚早期晚很多。有趣的是,早期建筑的朝向或多或少与现存的堡垒墙一致,而后来的则是南北走向,宏伟的入口面对着峡谷和"棱堡"。

这些后来的建筑中有一座似乎是大型的设防宫殿,实际上是一座要塞宫殿。宫殿从南部进入,入口处是一个令人印象深刻的大厅,被支撑屋顶的五

171 柱柱廊一分为二。再往前走是一条很宽的走廊,由三根柱子分成四部分。走廊通向一个大庭院,庭院四周是多立克式柱廊,院子中央可能有一个蓄水池(图版二十七 2)。这座建筑的大部分现在已经落入幼发拉底河,但入口侧面的房间,以及西面的五个房间现在仍然存在,它们的墙壁曾经被粉刷过。

邻近建筑的大部分墙壁也掉到了河里,但遗留下来的部分让人想起了帕提亚的哈特拉遗迹。如果第一座建筑是一座要塞宫殿,那么第二座很可能是一座塔楼,是宫殿驻军的住所,或者是一座火神庙。在后来的堡垒墙上建造的主楼也属于这一组遗迹,可能是为了保护一个大水池或水井。

对堡垒的挖掘和研究尚未完成,但目前我认为,在希腊化早期,山顶是一个居住地,周围的悬崖并没有设防。在帕提亚早期,一座要塞宫殿很可能就建在希腊化建筑废墟之上的悬崖边上。那时它的方向不同,并且有塔楼防守,在蓄水池上方有一座主楼。构成现在堡垒的防御工事与宫殿同时代,或

者出现得更晚一些。

然而，这个问题还有另一种同样可能的答案。如果像库蒙和雷纳（Renard）认为的那样，城镇和堡垒的城墙都是在希腊化时期建造的，如果它们与马其顿殖民地的建立时间一致，那么堡垒的城墙（其中一部分形成了蓄水池上方的主楼）肯定与山顶上的早期希腊化风格建筑是同时代的。后来，在帕提亚时代，为了加强堡垒的坚固性，在这个建筑的地方建起了要塞宫殿和塔楼。

棱堡也有一段复杂的历史。我已经说过，在高原的三个陡峭的河岸上，保存完好的部分城墙可能是早期希腊风格的。我们不知道这些墙里的方形空间最初派什么用场，但当要塞宫殿被建造时，一座巴比伦帕提亚式的大宫殿矗立在棱堡希腊化风格的城墙内（图版二十五 2）。这座宫殿的入口前有一个大的开放式庭院，一个宏伟的大门，还有一个大的内庭，周围有一条长凳。这个内庭有两个宽敞的大厅，每个大厅前面都有两根柱子。在希腊化风格的方形建筑的北墙上增加了一个长方形的大厅，大厅的门廊面向峡谷和堡垒。所有这些建筑都经历了频繁的改建，但即使在罗马时代，这些建筑也一定是一位重要人物的住所，一位高级市政官员或帝国官员。然而，这仍然仅仅是一种假设，因为我们在对这些建筑的挖掘中没有发现铭文或雕塑，甚至连能够提供点滴信息的涂鸦也没有。然而，它的平面图如此符合我们所知的帕提亚和萨珊波斯国王和统治者宫殿里的生活（毫无疑问，他们会效仿波斯、亚述和巴比伦国王），我们的假设不会偏离太多。自古以来，在东方，只有宫殿的庭院是对人民开放的，这个庭院一般是宫殿前面一片大的开放空间。

在这里，国王或他的代表坐在一个宏伟的入口前，进行判决，执行法律和秩序。这种做法从过去一直延续到前不久，就像"高门"（Sublime Porte）这个词所表明的那样。只有那些在迷宫般的通道里等了好几个小时的受恩宠者才被允许进入内院和接待室。除了仆人和亲戚以外，没有人可以进入这个地方。奇怪的是，在这个棱堡的宫殿里发现的唯一重要的涂鸦是一个厨师在厨房墙壁上用希腊字母写的拉丁语。上面记录了他准备为宫殿里的罗马主人提供的火腿的数量。在这方面，值得注意的是，在1930—1931年，我们发现了一个与这个棱堡宫殿同样风格的大房子。这所房子离阿尔忒弥斯神庙和阿塔加提斯神庙不远，无疑是帕提亚时期的建筑，它要么是杜拉某一位著名人物的住所，要么是公共建筑。

堡垒的砖石结构与城墙的几乎一模一样，两者肯定属于同一个时代。由至少22座塔楼加固的防御城墙高大威武，耸立在沙漠之上，两端是宏伟的入城大门。然后，墙壁沿着峭壁弯曲向前。今年，我们在西南墙上发现了一个有趣的小门，穿过这个小门有一条小路通向峡谷的底部。

这里不是谈论防御工事的地方，但我们可以注意到，整个帕提亚时代的城墙都很坚固，让人印象深刻。它们很可能在公元前160年的地震中遭到严重破坏，这可能为罗马占领这座城市提供了便利。在那个时期，或者甚至在帕提亚时代，从内部对塔楼的墙用砖头进行了加固。后来，也许是在遭到波斯进攻的时候，对面向沙漠的城墙从内部进行了加固，用未烧制的土砖堆砌成斜堤。对西南方向城墙的加固时间更早。

这种加固还是没能让这座城市它免于落入敌人手中。直到今天，在离防御工事西南角不远的地方，城墙旁仍有一道平缓的斜坡，左右两侧都由未烧过的土砖支撑。沙普尔的波斯大军很可能就是沿着这个斜坡攻打进来，给这个城市带来破坏和毁灭。

对于像库蒙和我们这样的考古学家来说，这些城墙和塔楼就如同一个宝藏。负责防御的士兵自然会把他们的一些财产存放在塔楼里，特别是武器和衣服。在最后一次进攻后，围攻者占领了这座城市，杜拉守备部队的士兵要么离开了城市，要么在战斗中阵亡，他们的一些财物被留在了塔楼上，或者在匆忙逃窜时被丢在了城墙附近。征服者可能没有太注意这些装备。他们希望在城市的庙宇和公共建筑中找到更多更好的战利品。就这样，这些武器和衣服仍然留在原来的地方。当这座城市被遗弃后，风沙在塔楼上和城墙两侧堆积了大量的沙子。沙子越积越厚，以至于雨水也不能渗透到沙子下面的东西上。因此，我们发现这里的每样东西都保存得比较完好，有些被虫蛀了，但除此之外保存得很好。

在这些塔楼附近最令人兴奋的发现是写在羊皮纸和莎草纸上的文件。在西北城墙的弓箭手双塔附近，库蒙发现了九张羊皮纸。当我们第二次去那里时，又在大门附近发现了三张羊皮纸和一张莎草纸（图版二十六）。我们现在知道这些文件是如何出现在这些地方的了。当我们在1931—1932年间最后一次过去时，我们在弓箭手双塔附近一座神庙的遗迹里发现了一个房间，这个房间可能是作为公共档案室来使用的，后文我们还会谈到。这个房间里堆满了羊皮纸和莎草纸，其中大部分已经完全腐朽了。一些深埋在沙子下的保存得更好，它们可能会提供关于杜拉生活的重要信息。沿着城市西南部分的城墙找到的文件就来自这里。其中一些可能先是被撤退的士兵带走，又在逃跑过程中丢弃，有些可能被留在档案室，被沙漠的强风吹走了。无论如何，沙漠里的沙子保存了这些珍贵的遗迹，关于杜拉六个世纪的历史，这些遗迹为我们提供了丰富而重要的信息。

除了这些羊皮纸和莎草纸，在塔楼中发现的东西主要包括衣服和武器。除了埃及以外，纺织品遗迹在古代遗址中很少见。因此，每一件新发现的叙利亚作品都受到那些研究纺织品历史的人的欢迎。然而，必须承认的是，杜拉发现的织物面料不太好，大多数都是骆驼鞍挂袋、普通衬衫和斗篷的碎片。武器更令人失望，其中大多数都很落后，显然不属于罗马军团。它们肯定要么属于帕尔米拉人（他们没有钢铁，甚至也没有大量的优质木材），要么属于罗马的其他东方辅助军队，甚至有可能属于最后占领杜拉的波斯人。事实上，很少发现金属头盔、剑、矛、盾或全套盔甲。最有趣的发现无疑是一件巨大的链甲，也许是一匹马的，它很可能属于波斯的铁甲骑兵（clibanarius，见本书边码第195页）。我们在塔楼里发现的武器主要有皮革盾牌或皮革缝制的木头盾牌，带着游牧民族的箭和木制的飞镖。然而其中一个皮盾牌非常有趣，它的主人是一名辅助军队的士兵，他在上面用彩色画了他从西到东——也就是从巴尔干半岛到杜拉——的回程路线。因此，它为我

图版二十六　杜拉主城门
（图片说明见第216页）

1

2

图版二十七　杜拉
（图片说明见第216页）

1. 主要街道

2. 要塞宫殿的中央庭院

图版二十八　杜拉
（图片说明见第217页）

1. 阿塔加提斯神庙遗迹

2. 小剧场

们提供了一份罕见的、非常古老的地图。

　　这就是杜拉的防御工事的总体情况。城墙内的地形部分取决于战略考量，但要塞的建造主要是依据保护两条商队路线的要求。一条是沿着幼发拉底河的路线。在杜拉，它可能是下城的主干道。然而，我们不确定这条路线是否真的穿过了这个城市，还是仅仅沿着幼发拉底河河岸经过这里，只是借助一下堡垒所提供的保护。无论是棱堡的位置，还是堡垒附近两个城门的存在，似乎都表明前者更有可能。这条路的确切路线是未知的，而且将永远不为人知，因为从考古学的观点来看，最近对现代幼发拉底河道路的改进已经毁掉了杜拉的这一段。第二条大的商队路线形成了帕尔米拉和西部沙漠路线与幼发拉底河路线的交汇处，定义了上城的地形（图版二十七 1）。它穿过笔直的沙漠城墙，通过宏伟的三重门（图版二十六），后文很快就会讲到。一旦进入城市，它就成为主要的街道，从西南到东北穿过高地，直接从堡垒的大门通向上城，将其分成了两个不相等的部分。许多横向道路与之相交，整个上城就像希腊化时期和罗马时期城镇的棋盘式布局。遗憾的是，我们不知道下城的布局。

　　我们还不知道杜拉的所有更重要的公共建筑是如何沿着两条主干道排列的，虽然我们知道五个主要神庙的位置。其中两个位于上城的西南部。一个是献给埃兰人和巴比伦人的伟大女神阿尔忒弥斯-南奈，她也受到帕尔米拉人的崇拜（图版三十 1）。这座神庙是在帕提亚时期变成罗马风格的，确切地说，是在公元1世纪的头十年。无论是最早挖掘出它的库蒙还是我们，都无法确定此前这里是否还有一个希腊化风格的神庙，因为这个早期神庙的遗迹没有被挖掘出来。

　　就在阿尔忒弥斯-南奈神庙附近，我们1929—1930年的挖掘又发现了一个小一点的神庙（图版二十八 1），这个神庙出现于同一时期，是献给著名的"叙利亚女神"（Dea Syria）的，罗马帝国时代的作家经常提到她。在意大利和罗马各省，她是埃及女神伊西斯和安纳托利亚女神"大地之母"（Magna Mater）的竞争对手。她的名字是阿塔加提斯，她的配偶是哈达德（图版三十 2）。她在叙利亚最著名的神庙是位于希罗波里斯—班比斯（Hieropolis-Bambyce）的宏伟神殿。巴勒贝克的神庙可能也是献给她及其配偶的，而帕尔米拉和大马士革也有供奉他们的神殿。

杜拉这两座神庙的布局都非常有趣，叙利亚基督教教堂建筑的许多特点都可以从中找到源头。这座神庙本质上是一个被房间所环绕的大庭院，毫无疑问，有很多与崇拜有关的仪式是在房间里举行的，如圣餐和孵梦（incubations），后者是指在圣所睡觉，神会在梦中向那些寻求他的人显"灵"。这些房间有的可能被用来崇拜那些与主神为伴的神。庭院中央有一个大祭坛，有时是一个盛水的水池，而至圣所是院子里或靠在院子的后墙上的一个小而简陋的建筑。其主要部分是一个小小的神龛，里面供奉着神像。神龛的两侧各有两个小房间作为神的宝库。到目前为止，杜拉的神庙都是典型的巴比伦风格。然而，有一个基本特征在巴比伦风格中是没有的，却似乎与叙利亚的一些崇拜密切相关，那就是至圣所前方的一个小厅，在它的两边都有台阶，就像是一个小型剧场。剧场里的座位是特定人群的私人财产，就像今天天主教和新教教堂里的某些长凳一样。在这两座神庙的台阶上的铭文表明，女性是座位的主人。很明显，在这些属于伟大的叙利亚和巴比伦女神的神庙里，男性不允许越过院子的界限（图版三十二 2）。

在这两座神庙里我们都发现了大量的献辞、祭坛、浮雕和雕像。它们向我们揭示了这两座神庙历史上的许多细节，以及所有为它们增添辉煌的人的名字。值得注意的是，大部分铭文都是用希腊语写的，尽管也有一些是闪米特语，比如古叙利亚语。这些神庙的一个特别之处在于上面有很多绘画，就像那些供奉帕尔米拉诸神的神庙一样，关于他们，我们将在下面详细介绍。在这方面，他们是早期基督教会的先驱。遗憾的是，这些画所剩无几。在阿塔加提斯神庙的一块残片上，仅存画家的签名。这样一来，尽管他的作品已经消亡，他的名字却得以永存，命运就是这样反复无常。我们的第三份报告就介绍了这些遗迹，读者如果想要了解更多，可以去读一读。

谈到阿尔忒弥斯-南奈神庙，我想要指出的是，在罗马时期，它不仅是宗教中心，也是政治生活的中心。这个神庙的面积本来和附近的阿塔加提斯神庙一样，但是在罗马时代被扩建，其结构发生了变化。挨着庭院建了很多私人住宅，女性的剧场被毁，在庭院的后面又建了一个规模更大的剧场（图版二十八 1）。这个剧场有何用场，我们不得而知。但是，有一点是肯定的：它不是女性的聚会场所，而是男性的聚会场所。门柱上刻着名单，都是出身杜拉当地名门望族的男性。此外，在其中一个席位上划了另一个名字，这个人自称是杜拉的议员。所有这些事实使我认为，在罗马时期，阿尔忒弥斯－南奈神庙的庭院成为城市公共广场的一种替代品。我的猜测被这样一个事实证实，那就是在神庙庭院里找到了一些公共性质的铭文，即议员、公民和当地首领（罗马"殖民地"欧罗普斯的公民首领）的献词。这个神庙在当时是否仍然是崇拜的中心，我们不得而知。

人们很容易认为这种变化与罗马人在杜拉牢牢站稳脚跟有关。去年的发掘表明，这座城市西北部的大部分地区在罗马时代被改造成了一个正规的罗马军营，有一个将军府邸、一个用来崇拜皇帝的神庙、一个用来进行军事训练的"战神广场"，还有浴场、士兵的营房和军官的住所等。进一步的挖掘将会提供更多有关信息。由于城市的这一部分很可能是帕提亚时代的政治中心，即"广场"（agora），人们很自然地认为，既然此时的杜拉已经沦为罗马的殖民地，那些负责将这个城市军事化的皇帝在夺走其公共广场之后，把殖民地的行政中心转移到了重建并扩大了的阿尔忒弥斯－南奈神庙里。我这里说的皇帝包括塞普提米乌斯·塞维鲁、卡拉卡拉和亚历山大·塞维鲁。

无论如何，经过上一季的挖掘，在我看来，城市西北部街区的军事化和彻底的罗马化似乎是既定的事实。军事化彻底改变了城市这一部分的面貌，我们上一季的挖掘也证实了这一事实。这次挖掘最有趣的结果之一是发现了第三座女性神庙，与阿尔忒弥斯－南奈神庙和阿塔加提斯神庙同时建造，供城市西部的居民使用。它被发现时保存完好，是献给一位女神的——她的希腊名字叫阿尔忒弥斯，但杜拉的闪米特人称她为阿赞纳特孔纳。她的形象几乎和阿塔加提斯一模一样。这座神庙是典型的巴比伦—叙利亚风格，有

图版二十九　杜拉
（图片说明见第217页）

1. 供奉帕尔米拉诸神的神庙

2. 圣所的庭院

图版三十　杜拉的神灵
（图片说明见第217页）

1. 阿尔忒弥斯

2. 阿塔加提斯和哈达德

两个内殿和一个类似剧院的建筑，属于城市的贵族女性。与阿尔忒弥斯-南奈神庙不同，这个神庙没有被毁掉重建，但在罗马时代，它不再是一个女性的神庙，因为座位上没有公元117年之后的铭文。如果在罗马时期它仍然是一座神庙，那么它肯定不再属于居住在城市西北部的妇女。一个明显的解释是，在城市的这一部分已经没有妇女了。这里已经成为罗马士兵的住处，其中大多数来自叙利亚，他们自然会继续频繁地到这座神庙向伟大的女神献祭。

然而真正的士兵神庙是杜拉第四座保存完好的神庙——叙利亚—巴比伦三位与战争有关的神灵的神庙（图版二十九 1）。它位于城市的西北部，就在防御工事的西北角。城墙被精心设计来围护这座神庙，所以毫无疑问，在建造城墙的时候，它就已经被考虑在内了。破坏神庙或将其置于防御工事之外既不可取也不可能。如果像库蒙认为的那样，城墙是在塞琉古时代早期建造的，那么这座神庙肯定更早，可能起源于波斯或亚述。如果像我倾向于认为的那样，城墙的年代较晚——神庙也可能较晚，也就是说，在希腊化时期甚至帕提亚时期。如果是这样的话，它可能是由以前住在杜拉的那部分当地居民建造的，也可能是在这个城镇成为马其顿的殖民地后才定居在那里的人建造的。在罗马时代，它被献给帕尔米拉的三位神灵，即贝勒神（或巴尔夏明神）和他的两个追随者，分别是亚希波尔和阿格利波尔。究竟这座神庙从一开始就是为这三位神明而建的，还是在早期仅仅是为伟大的贝勒神而建的，还有待证实。

对于库蒙和我们来说，这座帕尔米拉众神的神庙被证明是名副其实的宝库，稍后我将谈到在那里发现的壁画，现在这些壁画除了有两幅被送去了耶鲁大学，其他的都已经被转移到大马士革博物馆。这里我要提到的是，我们和库蒙在神庙里发现了许多刻有铭文的祭坛和数百幅涂鸦。

神庙的布局很不寻常。它最早的内殿在某一时期被改造为加固城墙的塔楼的基座。在这座塔楼里，全能的神的偶像受到崇拜，但是后来被墨菲发现并被布雷斯特德和库蒙研究的、装饰有壁画的至圣所并不在这个塔楼里。后来的这个内殿在这片区域的西部,靠着塔楼的北墙而建。尽管如此,很有可能在神庙从上到下重建的时候(公元1世纪早期),增加的这个新内殿并没有使早期的内殿停止使用,虽然此时早期的内殿已经成为城墙的塔楼之一。这两个内殿可能都在使用,每个都有自己的神。

在这两个内殿的前方,延伸出一个用柱子装饰的庭院,庭院中央有一个祭坛,周围是开放的房间。在通往距离内殿最近的房间的入口附近,有一个奇怪的祭坛或神龛。这个祭坛或神龛中的神可能是用一幅画在后面墙上的圣石来代表的。在这里没有发现剧场形状的大厅并不奇怪。这是一座男性的神庙,很有可能神圣的剧场与对女神的崇拜有关,与对男神的崇拜无关。

关于这座神庙在罗马时代的重要性,我注意到两个有趣的事实。前面我已经提到了罗马后期为加固城墙所做的工作。人们用泥砖砌了一座斜堤,而它无情地摧毁了城墙和城楼附近的所有建筑。唯一的例外是帕尔米拉众神的神庙,在修建防御工事的过程中它没有遭到任何破坏。显然这个神庙在这一时期杜拉人的生活中扮演了重要的角色。我相信这是罗马驻军的神庙,这些神帮助士兵们为国而战、为国而死。同时,对于公元2、3世纪罗马军队里的叙利亚士兵来说,这也是他们自己的神,因为这些神也源自叙利亚。这一观点得到我要指出的第二个事实的支持。帕尔米拉的神庙以其壁画著称。壁画装饰并没有被负责加固城墙的工人破坏。在杜拉被遗弃之后,大量的沙子在这座城市的这个角落里堆积起来,保护了这些壁画不受风吹日晒和雨水的破坏。这些壁画描绘了当地居民向神灵献祭的场景,而这些居民也是壁画的捐赠者。我们发现的壁画既有帕提亚时代的,也有罗马时代的。在帕提亚时期,壁画上的献祭者都是平民。我们看到了城市的治安官和议员,帕提亚政府的官员,也许还有祭司。随着罗马的到来,平民们消失了。保存最完好的一幅内殿壁画现收藏于耶鲁大学艺术博物馆,描绘的献祭者是驻军指挥官尤利乌斯·特伦提乌斯(Julius Terentius),他的八名军官和一群普通士兵(图版三十四)。

很久以前,我就认为这座位于防御工事西北角的神庙应该与西南角的一座神庙互相呼应，1930—1931年和1931—1932年的挖掘已经证明了我的猜测是正确的（图版二十九 2）。在杜拉的最后一个繁荣时期，第二座神庙被埋在我前面提到过的那堆土砖下面。这座神庙似乎是一个非常复杂和雄心勃勃的建筑。它的一部分至少有两层，两层的墙壁都绘有壁画。我们在两层楼里发现了大量这种壁画的残片。和西北角的那座神庙一样，这座神庙也是靠着城墙的塔楼建起来的。这里不详细描述它的建筑，感兴趣的读者可以去看我们的第五份报告。对我们来说，更重要的问题是这座神庙是献给谁的。

在最后一次挖掘中，霍普金斯教授在神庙附近发现了一座奇特的小建筑，一个内室后墙上有神龛的房间。这个神龛里有一尊神像，前面的小祭坛里有香烛。这个神像和献词是在一个密室中发现的，可能是在为了保卫城市而牺牲这个神庙时被礼拜者藏起来的。这个神灵的名称是阿弗莱德或阿帕莱德（Apalad），雕像的铭文称他为幼发拉底河上亚拿特村的保护神，这个村庄位于杜拉的南部。在这个神庙进行礼拜的是一个宗教协会的成员。这座神庙建于公元52年。这个神的形象给人留下深刻的印象：他是一个武士，盔甲是希腊化风格，但穿着东方服装；外表不像闪米特人，而更像是波斯人。他站在两头长着翅膀的狮子上，脖子上戴着伊朗人特有的具有宗教意义的装饰品。他蓄着胡子，头戴三重冠，胸甲上装饰着象征太阳的符号和代表星星的十字架。他倚靠在一根非常奇特的权杖上，有祭司在他面前焚香（图版三十二 1）。

这尊雕像不容易评论，尽管人们立刻就会被它的一些重要特点所打动。像哈达德及帕尔米拉和杜拉的诸多巴比伦—叙利亚战神一样，这个神属于闪米特人的巴力神大家庭，他们是天堂的主人，是天空和太阳之神，是宇宙的万能统治者，是对抗邪恶的伟大战士。在这一点上，阿弗莱德和他在闪米特世界的亲戚们并没有什么不同。但是与哈达德不同的，他的神圣动物不是公牛，而是伊朗人特有的虚构动物——有翅膀的狮子，这个形象是他们从巴比伦人和亚述人那里借鉴而来的。所有的事实都表明，这是一个闪米特神灵的伊朗版本。

在内殿附近的墙上画着一幅奇怪、粗糙而幼稚的壁画，描绘了一幅崇拜的场景，可以肯定，被崇拜的神灵就是阿弗莱德。一位祭司正在向站在祭坛角上的鹰献祭，鹰的头上戴着飞行的胜利女神。站在他旁边的是一位帕提亚军官，献祭就是为他而做的。众所周知，鹰是叙利亚伟大太阳神的象征。这幅壁画让人想起1929—1930年在斜堤上层发现的一座祭坛。在我们的第三份报告中霍普金斯教授描述过这个祭坛，在其上我们再次看到一个帕提亚军官在献祭，但这次献祭的对象是一个正在与狮子搏斗的神灵，这是波斯人从巴比伦人和亚述人那里借鉴的另一个主题。

总之，就我们现在的证据而言，似乎西南角的神庙里供奉的是居住在城市里的帕提亚士兵和军官所崇拜的神灵（霍普金斯教授在第五份报告中介绍的神庙可能会提供一些与这一理论相矛盾的新材料）。因此，这所神庙在罗马时期被人忽视，逐渐衰败，最后被埋在泥砖砌成的斜堤下，也就不足为奇了。罗马士兵对敌人的神灵毫无兴趣，他们更喜欢帕尔米拉人的神，因为后者是他们的庇护人和朋友。两个角落的神庙是杜拉双重生活的真实象征：西南角的神庙里供奉的是帕提亚士兵的神（图版三十一 1），西北角的神庙里供奉的是帕尔米拉商队的神。在杜拉历史上的最后一个时期，作为帕提亚驻军的继承者，罗马军队里的叙利亚士兵接受了帕尔米拉人的神灵。

作为对这些神庙的快速调查的结论，我想补充一点：和在帕尔米拉一样，我们在杜拉也发现了一些供奉外国而非本地神灵的神庙。我已经提到了阿塔加提斯、南奈、贝勒和阿弗莱德、阿尔忒弥斯-阿赞纳特孔纳，稍后我会介绍一下杜拉的堤喀和矗立在堡垒门口的一座小型军事礼拜堂。到目前为止，我们还没有找到一座希腊神庙，也不知道在早期的时候杜拉的希腊人和马其顿人在哪里做礼拜。即使是对于以后的情况，我们也只能是猜测。我们必须假设，他们很可能把我们已经挖掘出来的神庙作为他们的礼拜场所，尽管它们本来属于东方神灵。

在这本书的俄文版中，我在这一段的最后指出：在杜拉没有发现任何犹太教或基督教的痕迹。这一事实使我大为吃惊，因为在公元3世纪的大多数东方城市,人们都会看到基督教的遗迹,而杜拉与早期基督教的中心之一埃德萨近在咫尺。

这是我几个月前的说法,如果没有我们在1931—1932年激动人心的发现,本书中也会延续这一说法。这再次表明,一个人从否定证据中得出结论时必须多么小心,也表明千万不能在一个考古遗址被完全挖掘之前就离开。

我这里无法详细介绍这一发现,因为应该让我们的实地调查主管霍普金斯教授本人来介绍他自己的发现。然而,有几句话必须说。当霍普金斯教授在正门和南面第一个塔楼之间混乱的城墙废墟中有点不情愿地挖掘时,他在被斜堤的泥砖结构破坏的一个建筑物的墙上发现两扇门,通向一个大房间。他惊讶地发现这个房间的墙壁是彩绘的,这些彩绘描绘了《旧约》和《新约》中的著名章节。所有这些图案装饰的中心是后墙上的半圆形壁龛,其展示的是耶稣的形象。毫无疑问,在建造斜壁墙之前,这个房间曾是一座基督教教堂。由于我们知道斜堤的确切建造时间(公元232—256年),我们可以比较准确地为这座教堂及其绘画断代,那就是:最晚的日期可能是公元250年之前的几十年,但更早的日期更有可能。

教堂里最引人注目的壁画描绘的是耶稣的复活,或者更确切地说,是三位玛利亚在深夜将没药带到耶稣的坟墓前。这幅画不仅从主题的角度来看很有趣,同时也是一幅悲壮有力、色彩绚丽的艺术作品。

一座最晚可追溯到公元3世纪上半叶的绘有壁画的基督教教堂无疑是一个伟大的发现。它与《新约》的各种历史问题有关,与叙利亚和埃及艺术对早期基督教艺术的影响有关,与这种艺术的起源有关,无论是否是葬礼艺术。不过,让我们回到对杜拉的探讨,把所有这些问题的讨论留给发现者。

虽然我们有大量的关于宗教建筑的信息,但除了私人住宅之外,关于世俗建筑的证据非常少。每个希腊城市都有一个公共广场——集市,它是公共生活的中心。这个广场在大多数希腊城邦都被用作主要的市场,几乎每一个神庙的门都向它开放。杜拉没有这样的广场。我们完全不知道塞琉古时代的广场在哪里,也不知道帕提亚时期的广场是否与塞琉古时代相同。我在前文

（本书边码第180页）提出，我们令人失望地没能发掘到广场，这也许可以用如下假设来解释：当罗马人把城市的西北部改造成他们的军营时，他们把广场也纳入其中。只有通过进一步的挖掘，才可以判断我的假设是否正确。

这些私人住宅在外观上是一样的。有些比其他的更大、更富有，但它们都属于同一种类型，在今天的美索不达米亚仍然存在——这些巴比伦人的房子可以追溯到迦勒底人的乌尔时代，伦纳德·伍利（Leonard Woolley）的考古挖掘已经让我们熟悉了这种结构。一条长走廊从街道通向房子的中央（通常是开放的）庭院，环绕这个庭院有一个、两个或三个大型接待室和商务室，楼上是女眷的卧室和起居室，有楼梯通上去。这个城市没有引水渠，水都保存在巨大的陶罐里。这些房子里既没有厕所也没有浴室。

可以肯定，杜拉主要的房屋类型源自巴比伦，但是它们与马其顿或希腊房屋的风格有多一致，我们不得而知。许多这样的房子有一个有趣的特点，那就是它们丰富的室内装饰，因为那些比较好的接待室都在墙壁的顶部装饰着石膏飞檐，上面描绘的是希腊酒神的图案，同时又混合了帕提亚的元素。根据经常出现的铭文，一组这样的飞檐出自一个叫奥索诺巴佐斯（Orthonobazus）的伊朗人之手。壁画被广泛使用，但风格不是希腊的。很常见的一种图案模仿的是涂有红色和黑色方砖的墙。在帕提亚时期一所富丽堂皇的大房子的一个房间里，我们发现了几十块彩绘砖，毫无疑问，它们原本覆盖了整面墙。这些砖块上画着各种各样的图案和装饰：人头、动物、水果和鲜花。鲍尔（Baur）教授提出一个非常吸引人的说法：其中一些图案是黄道十二宫的标志。这样一面铺着彩绘砖的墙，给来访者的总体印象无疑是一张华丽的地毯。不用说，这种墙壁装饰可以追溯到巴比伦和亚述。

这就是杜拉的概貌，它既有趣又与众不同，因为在其他任何地方我们都找不到这样一个要塞城市和商队城市的结合。总体规划是由帕提亚人制定的，因为我们已经证明，所有较壮观的建筑都是在他们统治时期建造的，甚至我们今天看到的防御工事的轮廓很可能最初就是他们设计的。罗马时代似乎对城市的总体面貌产生了决定性的影响。除了一些维修和改造，城市的西

图版三十一　杜拉的神灵
（图片说明见第217页）

1. 帕提亚神（？）

2. 涅墨西斯女神

图版三十二　杜拉的神灵
（图片说明见第218页）

1. 阿弗莱德

2. 阿尔忒弥斯－阿赞纳特孔纳神庙

南部几乎没有发生大的变化，而西北部从上到下都进行了重建。就像我之前说的，城市的这一部分（或者说一半）被改造成正规的罗马军营，我后面将回到这个话题。

但是，除了帕提亚建筑，在杜拉最有趣和繁荣的岁月里，我们对杜拉的文化还有什么了解呢？我们有什么材料来重构当时人们的生活呢？毫无疑问，最早、迄今为止最重要的记录是墨菲上尉和库蒙在帕尔米拉神庙中发现的公元1世纪的壁画。其中最重要的一幅描绘的是杜拉的著名人物科农（Konon）一家人在神庙里祭祀的情景，他是这个神庙富有的赞助人之一。祭祀由庄严神圣的祭司主持，他们戴着高大的、白色的圆锥形帽子，让人想起波斯的麻葛或现代的托钵僧。类似的壁画描绘了神庙后来的赞助人所做的献祭，其中一个是有着伊朗名字的太监，另一个是有着闪米特名字的杜拉议员（图版三十三）。

图1　被神化的帕提亚国王，涂鸦

阿尔忒弥斯－南奈、阿塔加提斯和阿尔忒弥斯－阿赞纳特孔纳的女性神庙及在城市两个角落的男性神庙中发现的物品有趣而重要，在私人住宅发现的物品同样如此，这些物品中的一些可以追溯到帕提亚时代。在这里，最重要的材料是画在房间灰泥墙上的图画，这些图画很朴实，往往也很幼稚，画的是男女神灵、城市的各种建筑（尤其是城墙）、野生和驯养的动物。其中最有趣的是罗马时代住在这座城市的人和罗马的敌人，尤其是帕提亚骑马和步兵。其中一幅（图3）画的是帕提亚或萨珊王朝的铁甲骑兵，他从头到脚穿着盔甲，手里拿着一支沉重的长矛，骑在一匹身披锁甲的马上。作家们经常提到这些伊朗骑士，把他们比作雕像，一动不动地骑在坐骑上，但

图2　拉弓射箭的帕提亚骑兵，请注意帕提亚人典型的发式、巨大的箭筒和人与马的优美身姿；涂鸦，发现于阿尔忒弥斯神庙东南方向的住宅

是，在这些图画被人们所知之前，这些中世纪骑士的先驱者没有一幅画像流传下来。现在我们确切地知道了他们和罗马重骑兵是什么样子的。我们可以把他们和他们最近的亲戚——萨尔马提亚人或希腊萨尔马提亚骑兵进行比较，后者也身穿盔甲，在图拉真纪念柱和希腊萨尔马提亚城市潘提卡彭古墓墙上，都可以看到他们的形象。同样有趣的是我们在杜拉房屋的墙上看到的许多骑马的弓箭手的形象（图2）。这些是连罗马人都害怕的帕提亚弓箭手，正是他们用阵雨般的箭击溃了克拉苏的军队。在同一墙壁上，他们的两侧出现了一些更重要的人物：帕提亚国王、帕提亚王国的封建贵族和杜拉的统治者（图1）。

图3 帕提亚或波斯的铁甲骑兵，正在向敌人冲刺，他从头到脚重甲防护，坐骑也身披锁子甲；在杜拉防御工事附近一处住所发现的涂鸦

在我和我的学生威尔斯（B. C. Welles）教授最近发表的一份非常有趣的羊皮纸文献中，这些帕提亚人再次出现。这是一份贷款合同，一方是名叫弗拉特斯（Phraates）的帕提亚贵族，他是杜拉附近帕利加村（Paliga）的封建领主，另一方是一位出身卑微的阿拉伯人，名叫巴拉斯（Barlaas）。根据这份合同，巴拉斯不用支付贷款的利息，而要同意为弗拉特斯服务，和他住在一起，被吩咐做什么就做什么。通过合同上帕提亚国王的名字可以知道，合同签订的时间是公元121年，即图拉真的伟大战役和哈德良将美索不达米

亚归还给帕提亚人之后不久。这证明了杜拉在被图拉真占领后，和美索不达米亚的其余部分一起，由哈德良归还给帕提亚人。这份文献提供了关于帕提亚后期生活的有趣信息，对于理解其封建性的一面、希腊—帕提亚等级制度，以及其特有的社会和经济习俗都很有启发。

这些最近的发现让我们对这个帕提亚要塞奇特、多样、复杂的生活有了明确的了解，清晰如在眼前：它的驻军高高地驻扎在堡垒的悬崖上，指挥官住在位于幼发拉底河和商队道路之间的要塞宫殿里（一个名副其实的鹰巢）。对面的棱堡顶上是一座宏伟的宫殿，总督和他的随从大概就住在那里。成百上千有求于他的人来到他面前，他坐在门前的大院子里倾听他们的请求。在和平时期，帕提亚统治者的生活方式和他们的现代法国继任者几乎一样，要么在宫殿里宴饮，要么骑纯种马在沙漠中驰骋，追逐狮子、野猪、鹿、瞪羚、野兔和其他猎物，旁边有敏捷的猎犬。这就是生活在杜拉和邻近村庄的帕提亚人的消遣，在帕提亚的等级制度之下，他们都是小人物。大人物们很少到这里来，所以杜拉城的人很少见到他们国王的尊容。然而，杜拉的帕提亚人与他们的统治者差别不大，他们拥有相同的利益、消遣方式和职业。

他们在这个城市里的邻居是希腊—马其顿殖民地的成员，他们保留了原来的名字、许多古老的传统和属于他们自己的语言和法典。这些人原本是地主，但现在他们也变成了商人。商队的贸易使他们富裕起来，很快他们就能给妻子戴上沉重的首饰、穿上色彩鲜艳的衣服、戴上在东方非常流行的头巾。他们为自己和妻子建造并装饰东方风格的庙宇，在里面供奉金、银、铜的器皿，以及其他贵重的物品。不管说什么语言，他们已经不再是希腊人，而是已经成为典型的黎凡特人。他们的妻子是闪米特人，他们的孩子身上有一半闪米特血统，他们的神是帕提亚帝国的神——其中一些来自东方，一些是北方的闪米特神，一些是南方的阿拉伯神，还有一些来自伊朗。他们给这些神取了希腊名字，但没有把他们变成希腊神灵，而他们自己的神宙斯、阿波罗和阿尔忒弥斯几乎被彻底遗忘。

图版三十三　帕提亚时期杜拉的贵族
（图片说明见第218页）

1

2

图版三十四 杜拉 护民官尤利乌斯·特伦提乌斯的壁画
（图片说明见第219页）

我们不知道他们是否被允许实行自治。很可能，就像帕提亚王国的其他马其顿殖民地一样，例如优来奥斯河畔的塞琉西亚（Seleucia on the Eulaios，即埃兰古都苏萨，法国政府组织人马对这里进行精心挖掘，大获成功），他们保留了一定程度的自治权，有自己的宪法、自己的治安官、自己的议事会。毫无疑问，所有这些的权限被严格限制在处理他们自己的琐碎的地方事务，并且要在帕提亚军事统治者的监督之下。尽管如此，他们对这些侵犯他们"自由"的行为并不在意，对自己的生活总体上还是很满意的。重要的一点是，帕提亚人并没有完全垄断他们的"统治阶级"特权，而是与他们分享了对闪族人口的社会和经济统治，这些闪族人主要是为马其顿人耕种田地的农场工人、看守羊群的牧羊人、马其顿作坊里的工匠、受雇于马其顿人的商队驮夫。这些马其顿人就这样过着富足的生活，忘记了他们的希腊家园，成为爱好希腊的帕提亚国王的忠诚臣民，他们更喜欢接受帕提亚国王的统治，而不是他们的西邻罗马人的统治。

这就是帕提亚时期的杜拉。我们现在要了解一下罗马人对这个城市有什么贡献，因为每一铲挖下去，都会发现这些新主人的痕迹。我已经说过，在罗马时代，杜拉的主要用途是为罗马驻军提供住宿，作为与帕提亚之间频繁战争的军事基地之一。因此，罗马人在杜拉所做的第一件事就是舒适而稳固地站住脚跟。

所以，就像我前面提到的那样，罗马人逐渐将城市西北的大部分地区变成了军营。这部分城市的挖掘尚未完成，因此我们不知道罗马人是如何在现有城市的基础之上建立军事营地的。很可能在帕提亚时期，杜拉的新建筑并没有延伸到西北部和南部的城墙，在两个峡谷附近有大片空地。因此，可能有很大一块没有人居住的建筑区域。如果是这样的话，罗马人肯定不满意。例如，他们建了一座可能是为了崇拜皇帝的小神庙，我认为这里是这座城市最古老的地方之一，就在堡垒的西北大门对面。在这座神庙中发现的拉丁语献词上，献词者谈到扩大了军营的"战神广场"。很自然地，人们会在神庙附近寻找这个用于军事训练的广场，例如东边防御工事的方向。然而，这个位置并不符合城市这一部分的地形特征。

罗马军营的中心是上次挖掘发现的将军府邸。这是典型的罗马营地建筑。沿着罗马帝国在英国、德国、多瑙河、阿拉伯和非洲的边境，已经挖掘出了许多这样的建筑。一个典型的"四门塔"通向将军府邸的庭院。在非洲的兰贝西斯（Lambaesis）有一个更加宏伟的四门塔，同样也是通向将军府邸。庭院由三排柱子环绕。东边的门廊通向一组房间。一个巨大的拱门从庭院通向一个高大的大殿。拱门的上方有一段长长的拉丁铭文，说它于卡拉卡拉时代——确切地说是公元211年——建成的。大殿的两边都是平台，有楼梯通过去。军官们在这里向士兵们训话，在这里审理诉讼，将军们很可能在这里会见外国使节。正门的对面是一个漂亮的大房间。入口左侧的巨大柱子上有拉丁铭文，歌颂的是卡拉卡拉的弟弟格塔（Geta），而几个月或者几天后，他就被哥哥谋杀了。铭文保留了下来，但上面壁龛里的雕像被移走了，格塔的名字也被抹去了。大殿中央的房间无疑是将军府邸的神龛，用来供奉军事神、皇帝和军旗。[1] 神龛左右的两个房间可能属于高级军官，而角落的两个套房则是军事行政部门。在其中一个套间里，人们发现了一幅奇怪的彩绘文字：S.P.Q.R.，这是"罗马元老院与人民"的简称。在字母Q的内部，是一段表达良好祝愿的铭文，祝福皇后朱莉娅·多姆娜的一位被释奴和五名军事官员（可能是会计师）能够步步高升。在这座建筑中，人们发现了许多雕刻、绘画和刻画的铭文，这些铭文表明，许多军团在前往帕提亚的途中经过杜拉，许多分遣队轮流驻守这里。

我们现在还不知道驻防这里的罗马士兵是如何居住的：是在特殊的营房，还是在私人住宅。然而，我们清楚地知道，政府为士兵们做的第一件事就是为他们修建浴场。其中一个是我们在离将军府邸不远的地方挖掘出来的，另一个是在正门附近，第三个是霍普金斯教授最近发现的。考虑到这些建筑所在的地区，我们会觉得这些浴场非常豪华，因为其中安装了所有最新

---

1 最近发现的一幅涂鸦似乎描绘了两个角斗士和这个神龛在一起的画面，这也许是对在将军府邸落成典礼上军官们举行的角斗游戏的回忆。

式的罗马装置，有热水和冷水，有中央供暖系统，地板安装在壁柱上，墙壁上有陶土管道，热空气可以通过管道流通。更衣室很可能也被用作杜拉的军事俱乐部，上面装饰着壁画，但遗憾的是，残存的壁画很少。壁画上的形象都长着人头。人们不禁对罗马军队的这种自信感到惊讶，他们除了对防御工事进行最基本的维修外，几乎忽略了所有的工作，却为自己建造了精美的浴室。他们从哪里得到水来装满浴池呢？是用桶从幼发拉底河取上来的，还是建造了一条管道？更不寻常的是他们成功地维持了必要的燃料供应的方式。显然，浴场是通过焚烧木材来加热的，因为房子附近有一堆木灰。同时，我们可以注意到大量的木材也被用于建筑。他们从哪儿弄来这些木头的？是从幼发拉底河上游的森林带到杜拉的，还是在这片如今贫瘠的土地上曾经生长着树木？

　　罗马守军的主要职责是保护商队路线和经过杜拉的战略要道。为了保护幼发拉底河道路而修建的防御工事可能在半毁的堡垒内部和周围，而为了保护帕尔米拉的道路而修建的防御工事肯定位于正门，它就是我们详细考察过的宏伟建筑（图版二十六）。这些门本身就很坚固，令人印象深刻，包括两个双塔，两扇巨大的木门，还有一个内部庭院。有低矮的门连接着内部的中央庭院和塔楼。毫无疑问，在罗马时代，这个庭院是有顶的。这是一个非常奇特的结构。城墙上排列着一排祭坛，类似的祭坛伫立在通往城镇的大门旁边。许多祭坛上刻有拉丁语、希腊语和帕尔米拉语的铭文。这里也发现了一些浮雕，大多数描绘的是大力神（图版三十一 2）。

　　城门的墙上还发现了数百个铭文，覆盖了城墙的下部，尤其是北面。这些大都是在石头上刻画的，有一些被画或划在灰泥上。大部分是希腊语，少数是拉丁语、帕尔米拉语或赛法阿拉伯语。所有的铭文都很短。最古老的包含崇拜者的名字和父名，有时还有他的原籍国的名字。许多是在杜拉定居的欧洲人的名字，还有许多是闪米特人的名字。后来的铭文除了作者的名字之外，还在名字和时间之间加上表达"记住"的套语"mnesthe"。同一个套语还出现在佩特拉、埃尔赫格拉、埃尔-埃拉和西奈的数百个阿拉伯铭文中。

这个套语无疑是闪米特语的希腊译文。另一种闪族语中的套语被翻译成希腊语动词"eucharisto",意思是"我感谢您",后面接的是命运女神堤喀的名字。

祭坛和墙壁上的大多数铭文都提到了命运女神堤喀,并且墙上所有的简短铭文无疑都带有宗教色彩,这表明主庭院是一个神圣的地方,有点像为城市的福尔图那女神而建的神庙。伊朗人和闪米特人都很熟悉这个女神,前者称她为"赫瓦雷纳",后者称她为"迦得"。

大门中央拱门的宗教特征也很明显,因为至少在罗马时代,整个墙壁的上部都被画满了。壁画在人头顶上方的位置,这样崇拜者们就无法在上面写下自己的名字了,而墙壁的下部什么也没有,就是专门留给崇拜者写下自己名字的。遗憾的是,幸存下来的画作寥寥无几,但剩下不多的部分——只有站立的人物的腿——表明这里描绘的是对这座城市的守护女神献祭的情景,就像在帕尔米拉的神庙里一样。女神的身边可能还有其他神祇。在这方面,可以与帕尔米拉神庙里的壁画做一个有趣的比较,在那里,指挥官和他的士兵在给帕尔米拉的三位神灵献祭。在这些神灵的下方描绘的是两位堤喀,一位是杜拉的,一位是帕尔米拉的。如果这幅保存完好的壁画可以追溯到公元3世纪(这很有可能),那么它将为人们了解杜拉最后一个时期的生活提供很多线索。在这一时期,杜拉成为帕尔米拉帝国的一部分。

那么,杜拉的堤喀神庙在哪里呢?她必像城里所有的居民一样,从城门进去,但她的家在哪里呢?是城门旁边的一座塔楼吗?我们仔细地检查了两座塔楼。北边那个的墙壁上没有绘画的痕迹,在那里我们发现了一些可能曾经装饰过神庙的东西。一扇小门上画着胜利女神的彩绘,完全是帕提亚风格。她站在一个圆球上,脸朝向右边,一只手里拿着一根棕榈枝,另一只手里拿着一顶王冠。这扇门显然曾经是一座有两扇门的木制小壁龛的一部分。里面要么立着一尊小雕像,要么立着主神的画像。这座壁龛一定和埃及的神殿或中世纪的三联教堂很像。如果它矗立在至圣所的大门之内,那么它的中心人物一定是堤喀,画面上的她是全世界的女皇,有两位胜利女神为她加冕。对于一个军事神庙来说，这是一个合适的象征。

我们在塔楼里发现的另一个有趣的东西是一块刻有拉丁文的木板。在铭文中，驻扎在那里的部队的副官们向杜拉的将军赛普提米乌斯·吕西亚斯（Septimius Lysias）和他的家人表达了他们的忠诚。他们把这位将军、他的妻子和孩子（有的是伊朗名字，有的是希腊名字，有的是闪米特名字）的肖像托付给女神保佑。这些肖像无疑是画在或（如果是画在木头上）嵌入女神神龛的墙壁上。

尽管有这些发现，但从这些塔楼的性质来看，并不意味着女神庙就矗立在那里，因为从位置来看，和其他防御性塔楼一样，塔楼和大门之间的关系更像是军事上的，而不是宗教上的。因此，女神的住所应该在大门附近，但不一定在大门里面。我认为我们在1929—1930年发掘到的塔楼附近的小神庙一定属于她。在罗马时代，路的另一边有一个小而优雅的浴室，正如在地板上发现的马赛克铭文告诉我们的那样，这个浴室是献给"伟大的浴场堤喀"的。此外，在杜拉发现的数量最多的钱币和珠宝是在一座小房子里，这座房子离我所认为的堤喀神庙不远，有可能属于这个神庙的祭司，而这些宝藏可能是献给女神的。

仔细研究城门墙上的铭文，特别是罗马时期的铭文，可以看到杜拉生活的有趣画面。很明显，罗马驻军的士兵统治着这座城市，大门旁边的神庙归他们所有。守军的副官们用最华丽的词句表达了他们对女神的崇拜。他们是受益人，也是警察。从卡拉卡拉时代起，他们都成了罗马公民，每个人都自豪地在自己的希腊或闪米特名字后面加上自己的新名字"奥勒留"。他们都服从守军指挥官的命令，指挥官一定是住在棱堡宫殿里的人。在神庙的壁画上，我们看到他向帕尔米拉的神灵和堤喀献祭。他当然是罗马人而不是黎凡特人，无论出身还是名字上都是如此。因此，他的地位远远高于美索不达米亚和叙利亚的半希腊人，以及在军队中为他服务、构成杜拉居民的阿拉姆人和阿拉伯人。像今天的许多法国军官一样，这个罗马人可能从来没有接触过当地居民，而是过着一个与世隔绝的大人物的生活。

另一方面，作为他的直接下属，那些副官们则过着与当地贵族、议员、行政官以及其他富有显赫的家庭子弟一样的生活。和他们的帕提亚先驱者一样，这些贵族也是典型的黎凡特人。当塞普提米乌斯·塞维鲁将杜拉升格为殖民地时，许多杜拉人成了罗马公民（他们的帕尔米拉同伴也是如此），并改名为塞普提米乌斯。但他们既不是真正的罗马人，也不是真正的希腊人，虽然他们的祖先肯定是希腊—马其顿殖民者。他们的民族无法确定。在同一个家庭中，往往父亲是希腊名字，妻子是闪米特名字，孩子是希腊、伊朗或闪米特名字。

1930—1931年，我们有了一个奇怪的发现，这使我们对这些贵族的职业有了一些了解。在主街上罗马凯旋门附近的一座房子里，我们发现了一个非常有趣的房间。在这个房间里，有一个橱柜，嵌在墙壁最触手可及的一面，它肯定是用来装书本和文件的。墙上钉着的一系列架子和几个壁龛也有类似的作用。所有的墙壁都被认真地刷成白色，上面都是希腊语的铭文。墙上有一片特别的区域描绘的是星象占卜，其中有六个星象属于同一个人，可见在这个时期，占星术的魅力一定很大。这些星象很有趣，但文字更有趣，因为它们是房主的商业日记，里面记录着他进行的所有交易。房主名叫尼布切洛斯（Nebuchelos），生活在公元3世纪。他的职业多种多样：土地经纪人、放债人和商人。他很喜欢买衣服和材料，他的收购清单装点着他办公室的墙壁。他的儿子叫阿卜杜切洛斯（Abduchelos），但他的女婿（也就是那些星象的主人）自豪地称自己为马其顿人亚历山大。第三和第四名成员是伊朗人弗拉特斯和闪米特人马拉贝尔（Marabel），两人都是尼布切洛斯的投资合伙人。

在其他房子的墙上也发现了一些类似的铭文，它们都属于后期的杜拉。这些铭文都没有提到往返于帕提亚的商队和货物。公元3世纪时，这些商人从事的所有业务似乎都是他们之间的本地交易，通常是小企业之间的交易，而不是个人之间的交易。这种商业形式是古代和现代东方的特征。其中涉及的营业额几乎可以忽略不计，因为公元3世纪是一个战争和普遍萧条的时期。

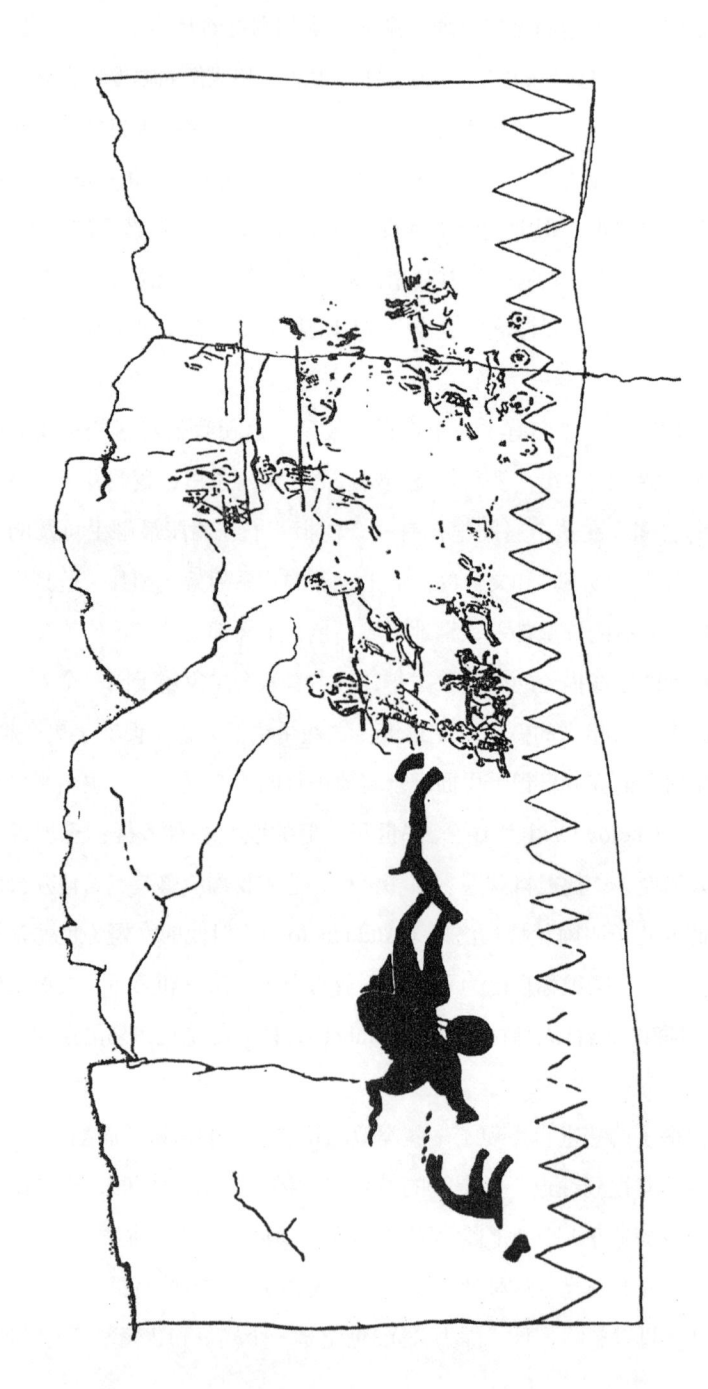

图4 早期萨珊壁画的全视图,描绘的是波斯人和罗马人之间的一场战役,前者是获胜方

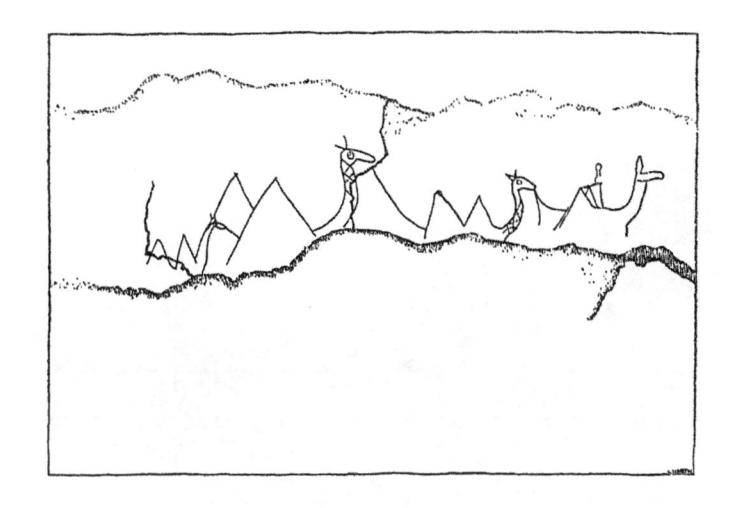

图5　杜拉描绘商队的涂鸦

然而，我们发现这些有涂鸦的房子都很大，而且很富有，他们是贵族，半闪族，半马其顿人。他们生活在帕提亚时代的祖先更加富有，富得足以在神庙的墙壁上画上壁画，在许多神庙里建造内殿，在其中为他们的妻子获得一席尊贵之地，并将金银的器皿献给他们所敬拜的神。

贵族阶级依然存在，但变得越来越穷、越来越破落，几户人家住在一些富有但部分废弃的房子里。他们收入微薄，勉强维持生计，常常连纸张也买不起，因此，尼布切洛斯和他的合伙人的交易不得不记录在房子的灰泥墙上。显然，艰难时期开始了，唯一的解释是商队贸易不再给杜拉带来财富。它的路线一定在公元3世纪的某个时候改变了，当时罗马帝国开始衰落，亚历山大·塞维鲁死后，叙利亚人一直生活在对波斯入侵的恐惧之中。我们已经看到，波斯人对杜拉的最终占领是其末日的开始。

但我们不应夸大其词。虽然杜拉不再是一个富有的商队城市，但商队仍然偶尔会来到这里，因为很难想象写在城门上的名字都是当地居民。其中一些是外国人，可能是驮夫，他们通过用赛法字母写下自己的名字而获得永生。为了管理这些商队和当地的进出口贸易，我们在《圣经》中读到的

图版三十五　杜拉：一所私人住宅内发现的萨珊风格壁画的一部分

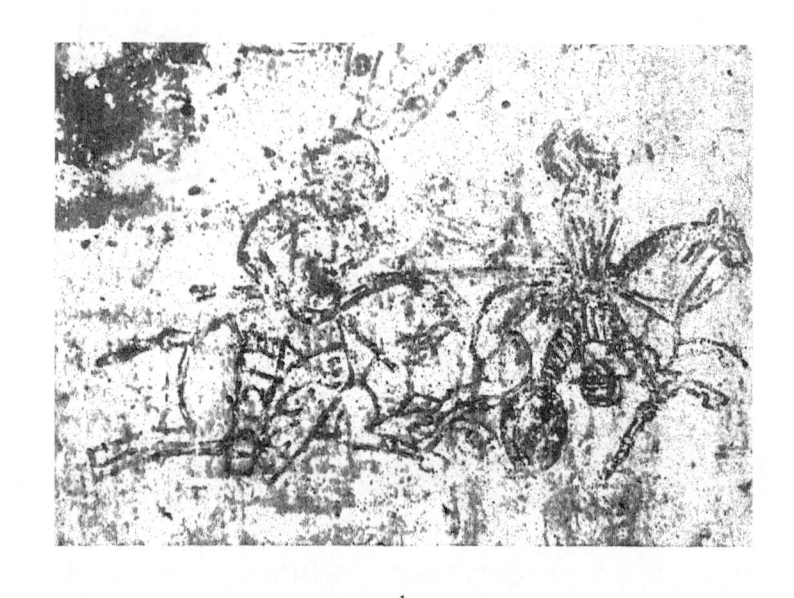

1

2

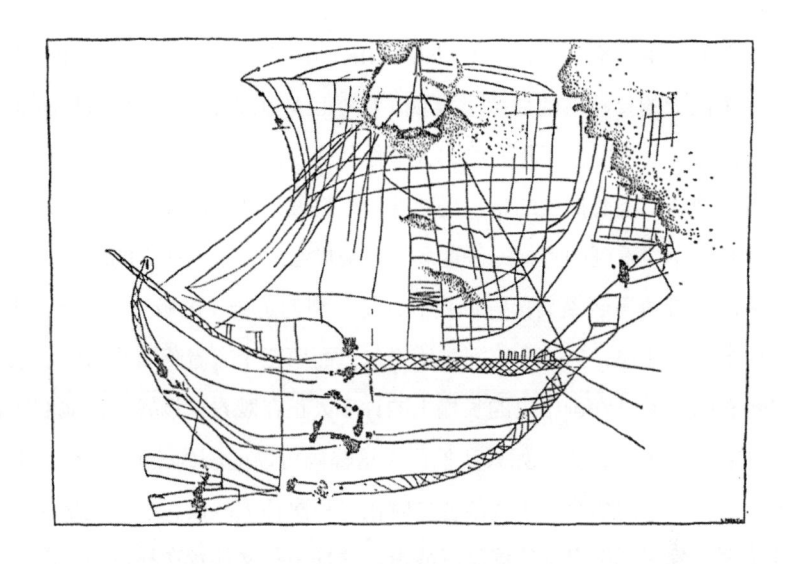

图6 描绘幼发拉底河上船只的涂鸦。这样的船可能被用来为罗马军队运输货物和士兵

"税吏"开始在大门口收税。铭文让我们熟悉了公元3世纪一个家族的所有成员，因为在东方这个不太受尊重的职业是世袭的。他们收取关税——在铭文中，这种关税被称为"telos portas"，意为"入门税"。他们是当地堤喀的狂热崇拜者，因为堤喀是当地贸易和商队的保护神。在工作中，他们会得到一些搬运工（pyloroi）的帮助，似乎这些搬运工会雁过拔毛。城门口的警察也是如此，在铭文中自称为"受益人"的一定就是他们。如果说税吏和搬运工是第一批敲竹杠的人，警察紧随其后。当他们盘问每个来客是谁、从哪里来、为什么来的时候，他们肯定不会错过中饱私囊的机会。魔术师、圣人、提阿那的阿波罗尼俄斯（Apollonius of Tyana）的传记作者斐洛斯特拉图斯（Philostratus）曾向我们描述过他们，并告诉我们在被允许进入帕提亚的一个城镇之前，旅行者必须忍受他们的盘剥。

公元3世纪末期，杜拉的新主人——帕提亚人的继承者——波斯人曾经短暂出现在这里。我们已经说过，他们在那里只待了两三年左右。然而，在我们挖掘的一所房子里发现了他们来访的一个非常有趣的证据。

当我的学生艾伦·利特尔（Alan Little）在对一个私人住宅进行挖掘时，他在一个巨大的接待室的墙壁上发现了一幅巨幅画的痕迹。深入研究表明，这是一幅曾经几乎覆盖了整面墙的大型作品的一部分；这幅作品可能复制了一块编织地毯，上面描绘的是一场战斗。根据波斯战争的原则——正如我们在艺术和文学中看到的那样——这场战争被描绘成一系列孤立的战斗。人物旁边用巴列维语写着铭文，告诉我们谁是胜利的英雄（图版三十五）。其中一个叫奥尔穆兹德，另一个叫阿尔达希尔，而第三个有着萨珊波斯统治家族成员特有的头衔。[1] 在画中央的长榻上的许多人正在观看这场战斗，他们代表着战斗者的神灵或祖先。如果我们假设这幅画可以追溯到公元3世纪，那么它描绘的肯定是阿尔达希尔或沙普尔时代的一次伟大战役，很可能是沙普尔俘获了罗马皇帝瓦勒里安的埃德萨战役。这样一份文件竟在杜拉的一所不起眼的房子里被发现，是很不寻常的。

在此，我将不谈这幅壁画在萨珊绘画研究中的重要性，也不谈杜拉对于帕提亚和萨珊艺术研究的重要性，虽然我们挖掘出了许多材料，不仅与建筑和绘画有关，而且与其他艺术有关。至少遮蔽了太多帕提亚艺术的历史和原则的帷幕终于升起，我们对萨珊时期的认识也逐渐变得更加完整。虽然我们不能在这里对帕提亚艺术做一个大致的描述，但必须一提的是，最新的研究发现告诉我们，把帕提亚艺术仅仅看作希腊的复制品是完全错误的。

这里我只提醒读者注意一点。杜拉艺术生活中最显著的特点无疑是绘画在城市生活中所扮演的角色。所有的神庙都有绘画，壁画描绘了男女神灵、神话场景和献祭者进行祭祀的场景。在杜拉有一些画家被认为是伟大的艺术家。他们自己也希望被后代记住，因为他们总是在绘画作品上签上自己的全名。这显然是出于宗教动机。他们画出那些神灵或其崇拜者，希望神灵能够永远记住他们。然而，这只是一部分原因。这些画家有一种极大的自豪感，他们大胆地用大大的字母把自己的名字写在作品下面，其精神与文艺复兴时

---

[1] 三位伊朗语专家破译了这些铭文，他们是罗马大学的帕格里埃罗（Pagliaro）教授、巴黎大学的本温尼斯特（Benveniste）教授和耶鲁大学的托里（Torrey）教授。

期的画家非常相似。

除了神庙之外，私人住宅也同样色彩鲜艳。墙壁有时被涂上颜料，有时用涂过颜料的砖或瓦覆盖，也许还经常饰以精致的挂毯，图案往往不局限于几何图形、花卉或动物，而是描绘了神灵和人类生活的场景。还有那些匿名的艺术家，在房屋、神庙和公共建筑的墙上，用墨水或用刀刻画出各种人物、物体和场景，他们也受到了神庙和房屋画家的影响。他们深思熟虑的艺术作品值得我们仔细研究和考察，因为它们可以向我们揭示那个时期艺术史上许多不为人知的特点。

在艺术史上，"杜拉学派"的画家们的作品从来没有被任何专家认真研究过。布雷斯特德和库蒙都为之写了很有启发性的文章。他们指出，很多拜占庭绘画就源于此。但是还有一个问题。美索不达米亚的绘画——无论是宗教的还是世俗的——是源自闪米特、巴比伦、亚述和腓尼基，还是源自鲜为人知的叙利亚和安纳托利亚绘画艺术？又或者是源自伊朗？伊朗人因绘画而出名，但是对于阿契美尼德王朝和萨珊王朝之间的绘画，我们知之甚少。

此处不是详细讨论这类问题的地方，然而，我必须提醒大家注意一点。杜拉的世俗艺术充满生机和活力。虽然宗教场景是呆板且仪式化的，但驰骋的骑士、狩猎的骑手和奔跑的动物的形象比亚述艺术中的类似形象更加充满生机和活力。杜拉的画家们最喜欢的一个主题是飞腾的马。在爱琴海艺术中，这种飞马只出现了很短的一段时间，后来就从希腊艺术中完全消失了。然而，同样的主题似乎一直存在于波斯和伊朗艺术发展的所有时期。在萨珊王朝和更早的时期，这一主题充满活力。作为一个外来的新主题，在中国汉代的艺术中也有这一形象。杜拉填补了中国和萨珊波斯之间的空白，表明帕提亚人发展并充分利用了这一主题。同一时期西伯利亚和俄罗斯南部的萨尔马提亚艺术家们也很熟悉这一主题。

因此，如果说杜拉的宗教艺术在一段时间内仍然是个问题，那么其世俗艺术似乎受到了伊朗的影响，并有权被称为帕提亚时期伊朗艺术的一个分支，就像我们所知道的同一时期出现在俄罗斯南部和西伯利亚的另一个艺术分支。

现在我来总结一下我对杜拉的认识。对杜拉长达七年的挖掘工作为那些希望看到和学习新事物而不是把新世界移植到旧模式上的人铺平了道路。如果我们能够在那里继续挖掘两三年，杜拉将会提供一幅更加完整的新世界图景（尽管它显然不是这幅图景本身）。我这里所说的新世界是指在罗马帝国解体后，在近东兴起的伟大新文明的摇篮：萨珊波斯和更加重要的伊斯兰阿拉伯世界。这两个文明都对中世纪的东欧和西欧产生了巨大的影响。在美索不达米亚、叙利亚和伊朗的土地上进一步挖掘，可能会有更丰富、更完美的遗迹来取代杜拉相对贫乏的遗迹，但它们几乎不会产生任何全新的、意想不到的东西。堤喀使杜拉有幸成为美索不达米亚地区第一个被发现的希腊化时代、帕提亚时代和罗马时代的城市，也使它有幸吸引了学术界对许多迄今未被意识到和未被阐明的问题的关注。这一点，再加上每一次成功进行的挖掘对扩大我们对古代世界的认识所做出的贡献，是它留给历史的最伟大的遗产。

图版二十六至三十四的图片说明

图版二十六　杜拉主城门

1. 从沙漠中看到的主城门。

2. 杜拉的主城门和主要街道。左侧是通向后来的斜堤的台阶。街道左边是石柱的遗迹，这些石柱在一个浴场的入口形成了一个柱廊。根据镶嵌画上的铭文，这个浴场是献祭给"浴场的命运女神"的。街道右边是一个小神庙的遗迹，里面供奉的可能是"杜拉的命运女神"。

图版二十七　杜拉

1. 位于杜拉中心的主要街道。图片最前方是一座凯旋门的地基。左边是一座基座，上面有一尊罗马在叙利亚的高级官员的雕像。在左边靠近幼发拉底河的地方是档案室的入口。

2. 要塞宫殿的中央庭院，庭院为石柱所环绕。庭院的墙壁是用大块的方石建成的。

图版二十八　杜拉

1. 阿塔加提斯神庙遗迹。图片最前方是主要入口，中间是神庙的庭院，庭院中间有一个大祭坛。祭坛后面是通往像剧场一样的方形房间的入口，房间两侧都有座位，每个座位的主人都是杜拉城地位显赫的女士。在这个房间的入口前面是祭坛和一根柱子。这个有台阶的房间后面才是真正的圣所，崇拜的偶像就供奉在这里。

2. 阿尔忒弥斯－南奈女神庙庭院后面的小剧场，这里或许是杜拉市议会的集会场所。

图版二十九　杜拉

1. 供奉帕尔米拉诸神的神庙全视图。图片最前方是神庙的庭院，祭坛位于庭院的中央。左边有一个宝座状的大座位或祭坛。庭院中央祭坛的后面是通往至圣所的主要入口，至圣所上绘有精美的壁画（见图版三十三和三十四）。左边是在早期圣所基础上建造的防御工事塔。

2. 位于防御工事西南角圣所的庭院。图片最前方是五个祭坛，后面是后来的斜坡，把圣所其余部位给掩盖住了。

图版三十　杜拉的神灵

1. 阿尔忒弥斯，石膏雕像残片（希腊—帕提亚风格）。

2. 阿塔加提斯和哈达德。在阿塔加提斯神庙废墟中发现的浅浮雕。这对神圣夫妇坐在一个小神龛的椅子上，神龛的柱子上装饰着哈达德的神圣动物公牛的头。哈达德穿着刺绣华丽的衣服，头上戴着头冠或者是果篮，右手握着霹雳。阿塔加提斯被描绘得比哈达德还要大，她坐在她的圣兽狮子之间。她右手拿着花。在他们背后，在两个神之间，有一面旗帜，可能是他们的神旗，也有可能是罗马的军旗。

图版三十一　杜拉的神灵

1. 帕提亚神（？），浅浮雕残片。神像戴着帕提亚的头饰，手持剑和矛。

2. 涅墨西斯女神，在杜拉主城门发现的浅浮雕。一个男人在涅墨西斯的祭坛前焚香，女神的象征是狮鹫和轮子。在希腊，涅墨西斯是正义和复仇女神。在男人和女神之间是伟大的太阳神的半身像，他能看到一切，知道一切。希腊语和帕尔米拉语的铭文表明，献祭者是帕尔米拉最有名的商人尤利乌斯·奥勒留·马洛克斯（Julius Aurelius Malochas），时间是公元228年。

图版三十二　杜拉的神灵

1. 石碑，描绘的是阿弗莱德神站在两头有翼狮子的背上，每头狮子的脖子上都有一个铃铛。他头上戴着果篮，脖子上戴着项圈，脚上穿着高筒靴，穿着希腊化风格的铁甲，铁甲下面是一件贴身长袍和裤子。铁甲中央装饰着一颗星星，周围环绕着十字。他挂着一根奇特的权杖，右手握着一个霹雳。铭文上写道，他是"幼发拉底河上亚拿特（今亚拿）的阿弗莱德神"。一位祭司正在给神献香。这块石碑是在防御工事西南角的神庙里一个神龛里发现的。在神庙附近发现的铭文表明奉献者是一个宗教协会的成员，日期是公元51年。

2. 最近在杜拉发现的阿尔忒弥斯神庙中一个剧院般的房间的一侧。这是在杜拉发现的第三个阶梯状大厅，其他两个一个在阿尔忒弥斯神庙，另一个在哈达德和阿塔加提斯神庙。在这个大厅的入口附近，有一块耸立在原处的石碑。石碑上描绘的是阿尔忒弥斯，在一个小神龛里，她坐在扶手椅上，两侧各有一头狮子。神龛的山形上有一只鸽子。她戴着一顶东方的头饰（一种弗里吉亚无边帽，更像是一块头巾），一位祭司正在为她加冕。石碑前面是一个祭坛和一个焚香炉。房间里的每个座位上都写着它主人的名字，而她们都是杜拉最显赫家族的女性。铭文的日期涵盖了整个公元1世纪，最晚是公元102年。

图版三十三　帕提亚时期杜拉的贵族

1. 科农和两个祭司正在献祭，帕尔米拉诸神神庙发现的壁画局部，壁画其余部分描绘的是科农的闪米特妻子比提娜娜雅（Bithnanaia）和他们的家人。

2. 伊亚卜西姆索斯（Iabsymsos）和他的儿子（闪米特人），杜拉市议会成员；奥提斯（Otes）和他的儿子高塞克（Gorsak）向帕尔米拉的五位主神献祭。这是库蒙在帕尔米拉诸神神庙里发现的壁画的一部分。壁画的其余部分展示了众神的形象。

图版三十四　杜拉：护民官尤利乌斯·特伦提乌斯的壁画

护民官尤利乌斯·特伦提乌斯和他的八名手下。作为壁画的奉献者，他们在向帕尔米拉的三位主神（中间是贝勒，右边是亚希波尔，左边是阿格利波尔）、杜拉的堤喀和帕尔米拉的堤喀献祭。注意旗手、祭司（护民官身后）和众多普通士兵。

参考书目

第一章

古代贸易史

1. E. Speck, *Handelsgeschichte des Altertums*, i–iii (1900–1906).
2. Art. 'Handel und Industrie', by Gummerus in Pauly-Wissowa-Kroll, *Realencyclopaedie der klassischen Wissenschaften*, ix, pp. 1454 ff.
3. Art. 'Mercatura', by R. Cagnat et M. Besnier in Daremberg et Saglio, *Dictionnaire des antiquités grcequés et romaines*, iii, 2, pp. 1772 ff.
4. H. Schaal, *Vom Tauschhandel zum Welthandel*, 1931.

商队贸易,商队和现代阿拉伯

1. C. M, Doughty, *Travels in Arabia Deserta*, i–ii (originally published in 1888); cf. C. J. Kraemer, Jr., 'Light from Arabia on Classical Things', *The Classical Weekly*, xxii (1929), pp. 113 ff.
2. P. H. Lammens, 'La Mecque à la veille de l'Hégire', *Mélanges de l'Université Saint-Joseph de Beyrouth*, ix. 3 (1924).
3. P. Huvelin, *Essai historique sur les droits des marches et des foires*, 1897.

不同时代的商队贸易

早期巴比伦与亚述

1. C. L. Woolley, *The Sumerians*, 1928.
2. Sydney Smith, *Early History of Assyria*, 1928.

后期巴比伦与亚述

3. B. Meissner, *Babylonien und Assyrien*, i, 1920; ii, 1925.

早期卡帕多西亚

4. J. Lewy, article 'Kappadokische Tontafeln' in M. Ebert, *Reallexikon der Vorgeschichte*, vol. vi (1926), pp. 212 ff.; cf. A. T. Clay, *Letters and Transactions from Cappadocia*, 1927. 卡帕多西亚商业文件的精美范本。

早期印度

5. Sir John Marshall, *Mohenjo-daro and the Indus Civilization,* i–iii, 1931.

早期阿拉伯

6. D. Nielsen, *Handbuch der altarabischen Altertumskunde, I. Die altarabische Kultur*, 1927.

7. 古代阿拉伯铭文: *Corpus Inscriptionum Semiticarum*, pars quarta, tom. i–iii, and *Rèpertoire d'èpigraphie sèmitique*, vols. i–v。

8. 古代阿拉伯硬币: G. F. Hill, British Museum, *Catalogue of the Greek Coins of Arabia, Mesopotamia, and Persia*, 1922, pp. xliv ff., and pp. 45 ff.。

波斯

9. E. Meyer, *Geschichte des Altertums*, vol. iii, 1901; cf. vol. ii, 3. 遗作第二版正在准备中。

亚历山大之前的叙利亚和巴勒斯坦

10. A. T. Olmsted, *History of Palestine and Syria to the Macedonian Conquest*, 1931.

希腊化时代

11. 概要和参考文献: M. Rostovtzeff, 'The Spread of Hellenistic Commerce', *Cambridge Ancient History*, viii, pp. 651 ff.; cf. pp. 561 ff. (Pergamum), pp. 619 ff. (Rhodes and Delos), and vii, pp. 109 ff. (Egypt), and pp. 155 ff.（叙利亚和东方，W. W. Tarn 绘制的贸易路线图）; cf. M. Rostovtzeff, 'Foreign Commerce in Ptolemaic Egypt', *Journal of Economic and Business History*, 1932。

罗马时代

12. Tenney Frank, *An Economic History of Rome*, 2nd ed., 1927.

13. M. Rostovtzeff, *Social and Economic History of the Roman Empire*, 1926. 德文版名为 *Gesellschaft und Wirtschaft im romischen Kaiserreich*, 1930；意大利语版正在准备中。

罗马时代叙利亚的历史

14. J. Dobiaš, *Histoire de la province romaine de Syrie*, Part I: *Jusqu'à la séparation de la Judée*, 1924. 捷克斯洛伐克语，有法语简介，四卷本的法语版正在准备中。

第二章 佩特拉

铭文

1. *Corpus Inscriptionum Semiticarum*, pars secunda, tom. i, fasc. iii. 本书 305 页以后是截至 1889 年的参考文献，181 页以后是对佩特拉和纳巴泰人的历史的概述。
2. *Répertoire d'épigraphie sémitique (passim)*.
3. J. Cantineau, *Le Nabatéen. I. Notions générales-écriture-grammaire*, 1930 (continuation in preparation).
4. Du Mesnil du Buisson et R. Mouterde, 'Inscriptions grecques de Beyrouth. I. Dedicace à la Tyche de Pelra', *Mélanges de la Faculté Orientale, Université Saint-Joseph (Beyrouth)*, vii (1921), pp. 382 ff.

硬币

1. R. Dussaud, *Journal asiatique*, 1904, pp. 189−238 ff.
2. G. F. Hill, British Museum, *Catalogue of the Greek Coins of Arabia, Mesopotamia, and Persia*, 1922, pp. xii ff. and pp. xxxvii ff., pp. 1 ff., and pp. 34 ff.

遗迹与历史

1. H. Vincent, 'Les Nabateens', *Revue biblique*, vii (1898), pp. 567 ff.
2. R. Brtünnow und A. von Domaszewski, *Die Provincia Arabia*, i−iii, 1904−1907, esp. I, Abschnitt III.
3. Libbey and Hoskins, *The Jordan Valley and Petra*, 1905.
4. M. Khvostov, *History of the Oriental Trade of Graeco-Roman Egypt*, 1907, pp. 248 ff. (in Russian).
5. E. Schürer, *Geschichte des jüdischen Volkes im Zeitalter Jesu Christi*, 4th ed., i, pp. 726 ff.
6. A. Musil, *Arabia Petraea*, i−iii, 1907.
7. G. Dalman, *Petra und seine Felsheiligtümer*, 1908.
8. H. Kohl, *Kasr Firaun in Petra*, 1910.
9. RR. PP. Jaussen et Savignac, *Mission archéologique en Arabie. I. De Jérusalem au Hedjaz*, Medain Salah, 1909; *II. El-Ela, d'Hegra à Teima, Harrah de Tebouk*, 1914.
10. H. Thiersch, *An den Rändern des römischen Reiches*, 1911.
11. G. Dalman, *Neue Petra-Forschungen und der Heilige Fels von Jerusalem*, 1912.

12. H. Guthe, 'Die griechisch-römischen Städte des Ostjordanlandes' (*Das Land der Bibel*, ii. 5, 1918).
13. W. Bachmann, C. Watzinger, Th. Wiegand, *Petra*, 1921.
14. Sir Alexander B. W. Kennedy, *Petra, its History and Monuments*, 1925.
15. A. Kammerer, *Pétra et la Nabatène. L'Arabie Pétrée et les Arabes du nord dans leurs rapports avec la Syrie et la Palestine jusqu'à l'Islam*, 1929-1930.
16. W. W. Tarn, 'Ptolemy II and Arabia', *Journal of Egyptian Archaeology*, xv, 1929, pp. 9 ff.
17. R. L. Robinson, *The Sarcophagus of an Ancient Civilization: Petra, Edom, and the Edomites*, 1930.
18. G. Horsfield and Agnes Conway, 'Historical and Topographical Notes on Edom; with an account of the First Excavations at Petra', *The Geographical Journal*, lxxvi. 5, 1930, pp. 369 ff.
19. G. Dalman, *The Khazneh at Petra*. Palestine Exploration Fund. Annual 1911.
20. J. H. Mordtmann, 'Ein Nabatäer im Safäerlande', *Klio*, xxv, 1932, pp. 729 ff.
21. Clermont-Ganneau, 'Les Nabatéens en Égypte', *Rev. de l'histoire des religions*, viii (1919), pp. 71 ff.

第三章 杰拉什

铭文

1. H. Lucas, *Mittheilungen des Deutschen Palaestinavereins*, 1901.
2. R. Cagnat, *Inscriptiones Graecae ad res Romanas pertinentes*, iii, nos. 1341-1377.
3. P. Perdrizet, *Revue biblique*, xiii (1900), pp. 432 ff.
4. Cheesman, *Journal of Roman Studies*, iv (1914), pp. 13 ff
5. F. M. Abel, *Revue biblique*, xxxvi (1927), pp. 249 ff.; xxxvii (1928), pp. 257 ff.; cf. xxii (1909), pp. 448 ff.
6. A. H. M. Jones, *Journal of Roman Studies*, xviii (1928), pp. 144 ff., and xx (1930), pp. 43 ff.

硬币

7. G. F. Hill, British Museum, *Catalogue of the Greek Coins of Arabia, Mesopotamia, and Persia*, 1922, pp. xxxiii ff., and pp. 31 ff.

遗迹与历史

8. 关于早期到杰拉什的旅行的描述，参考文献见Guthe, *Gerasa*, p. 63, note 2。
9. Prince S. Abamelek-Lazarev, *Djerash*. Archaeological Research, 1897 (in Russian).
10. G. Schuhmacher, *Dscherasch*, 1902.
11. H. Guthe, *Gerasa (Das Land der Bibel*, iii. 1–2, 1919).
12. J. W. Crowfoot, *Churches at Jerash*, British School of Archaeology in Jerusalem, Suppl. Papers, iii. 1931.
13. 关于当前的考古挖掘，见 *Quarterly Statements of the Palestine Exploration Fund* (to 1931) 及 *Bulletin of the American Schools of Oriental Research* (from 1931)。

第四章和第五章　帕尔米拉

铭文

1. *Corpus Inscriptionum Semiticarum*, pars secunda, vol. ii, fasc. iii (cf. *Répertoire d'épigrapkie sémitique, passim*) .
2. J. B. Chabot, *Choix d'inscriptions de Palmyre*, 1922.
3. J. Gantineau, *Inventaire des inscriptions de Palmyre*, 1930 ff. (in course of publication, fasc. i-vii ready in 1931); cf. J. Cantineau, 'Fouilles dc Palmyre', *Mélanges de l'Institut Français de Damas*, i, 1929.
4. 帕尔米拉的希腊铭文: Lebas-Waddington, *Inscriptions grecques et latines*, &c., VI, *Syrie*; W. Dittenberger, *Orientis Graeci Inscriptiones Selectae*, nos. 629–651; R. Gagnat, *Inscriptiones Graecae ad res Romanas pertinentes*, iii, nos. 1026–1056。
5. RR. PP. A. Poidebard et R. Mouterde, *Comptes rendus de l'Académie des Inscriptions*, 1930, pp. 183 ff., and 'La Voic antique des caravanes entre Palmyre et Hit au second siècle ap. J.-G.', in *Syria*, xii (1931), pp. 101 ff.
6. J. Cantineau, 'Textes palmyréniens provenant de la fouille du temple de Bel', *Syria*, xii (1931), pp. 116 ff.

地形和物理条件

7. A. Musil, American Geographical Society: Oriental Explorations and Studies, no. 3, *The Middle Euphrates*; No. 4, *Palmyrena*, 1927–1928 (cf. E. Honigmann, 'Neue Forschungen über den syrischen Limes', *Klio*, xxv [1932], pp. 132 ff.).
8. E. Huntington, *Palestine and its Transformation*, 1911.

9. J. Partsch, 'Palmyra, eine historisch-klimatische Studie', *Berichte und Verhandlungen der Sächsischen Akademie der Wissenschaften, Phil.-hist. Kl*, lxxiv (1922)., pp. 1 ff.
10. G. Carle, 'De l'alimentation en eau de Palmyre dans les temps actuels et anciens', *La Géographie*, xl (1923), pp. 153 ff.
11. R. Dussaud, *Topographie historique de la Syrie antique et médiévale*, 1927.

遗迹与历史

12. 关于帕尔米拉遗迹的早期复制，见 F. von Duhn, *Jahrbuch des Deutschen Archaeologischen Instituts, Archaeologischer Anzeiger*, 1894, pp. 110 ff.（阿姆斯特丹大学收藏的 G. Hofsted 绘制的 1693 年帕尔米拉的油画，参照 *Philosophical Transactions*, xix [1695–1697], p.83 之后的插图）和 W. Anderson, *Stralsunder Tageblatt*, 17.3, 1927（科尼利乌斯·卢斯的绘画）。
13. R. Wood, *The Ruins of Palmyra*, 1753.
14. Prince S. Abamelek-Lazarev, *Palmyra*. Archaeological Research, 1884 (in Russian).
15. Th. Mommsen, *Römische Geschichte*, v, pp. 413 ff.
16. L. Piccolo, 'L'ascesa politica di Palmira', *Rivista di Storia Antica*, x (1905), pp. 75 ff.
17. S. B. Murray, *Hellenistic Architecture in Syria*, 1921.
18. Ch. Clermont-Ganneau, 'Odeinat et Vaballat, rois de Palmyre, et leur titre romain de corrector', *Revue biblique*, xxix (1920), pp. 382 ff.
19. J. B. Chabot (see No. 2).
20. P. Dhorme, 'Palmyre dans les textes assyriens', *Revue biblique*, xxxiii (1924), pp. 106 ff.
21. A. Gabriel, 'Recherches archeologiques a Palmyre', *Syria*, vii (1926), pp. 71 ff.
22. J. G. Février, *Essai sur l'histoire politique et économique de Palmyre*, 1931.
23. J. G. Février, *La Religion des Palmyréniens*, 1931.[1]
24. Th. Wiegand, *Palmyra, Ergebnisse der deutschen Expeditionen von 1902 und 1917*, Berlin, Keller (in preparation).
25. M. Rostovtzeff, *Les Inscriptions caravanières de Palmyre*, Mélanges Glotz, 1932.
26. M. Rostovtzeff, 'The Caravan-gods of Palmyra', *Journal of Roman Studies*, xxii (1932).

1　M. Février 的这两本书到我手上太晚了，本书没有用上。

艺术

27. H. Ingholt, *Studier over Palmyrensk Skulptur*, 1928 (cf. idem, 'The oldest known grave-relief from Palmyra', *Acta Archaeologica*, i [1930], pp. 191 ff., and *Syria*, xi [1930], pp, 242 ff.).
28. J. Strzygowski, *Orient oder Rom*, 1901.
29. B. V. Farmakowsky, 'Painting in Palmyra', *Bulletin of the Russian Archaeological Institute in Constantinople*, viii. 3 (1903, in Russian).

第四章和第六章　杜拉

在杜拉发现的铭文、羊皮纸和莎草纸，见下面列举的书籍和文章。

遗迹与历史

1. J. Breasted, *Oriental Forerunners of Byzantine Painting*, 1924.
2. F. Cumont, *Fouilles de Doura-Europos*, Text and Atlas, 1922−1923.
3. P. V. C. Baur, M. I. Rostovtzeff, and A. R. Bellinger, *The Excavations at Dura Europos*, Preliminary Report, i, 1929; ii, 1931; iii, 1932.
4. M. Rostovtzcff, 'Lcs Inscriptions de Doura-Europos (Salihiyeh)', *Comptes rendus dc l'Académie des Inscriptions*, 1928, pp. 232 ff.
5. M. Rostovtzeff, 'Yale's Work at Dura', *Bulletin of the Associates in Fine Arts at Yale University*, 1930, February.
6. H. T. Rowell, 'Inscriptions de Doura-Europos', *Comptes rendus de l'Académie des Inscriptions*, 1930, pp. 265 ff.
7. M. Rostovtzeff and C. B. Welles, 'A parchment contract of loan from Dura-Europos on the Euphrates', *Yale Classical Studies*, ii, 1931, pp. 3 ff.
8. J, Johnson, *Dura Studies*, University of Pennsylvania, 1932.
9. P. Koschakcr, 'Ueber einige griechische Rechtsurkunden aus den östlichen Randgebieten des Hellenismus', *Abhandlungen der Phil.-hist. Kl. der Sächsischen Akademle der Wissenschaften*, xlii (1931), Nr. 1.
10. A. R. Bellinger, 'The Temples at Dura-Europos, and certain early churches', *Serminarium Kondakovianum,* iv (1931), pp. 173 ff.
11. A. R, Bellinger, 'Two Roman hoards from Dura-Europos', *Numismatic Notes and Monographs* (The American Numismatic Society), no. 49, 1931.

12. M. Rostovtzeff et C. B. Welles, 'La "Maison des Archives" à Doura-Europos', *Comptes rendus de l'Académie des Inscriptions*, 1931, pp. 162 ff.
13. M. Rostovtzeff et A. Little, 'La "Maison des Fresques" de Doura-Europos', *Mémoires de l'Académie des Inscriptions*, xliii.
14. C. Hopkins, 'The Palmyrene Gods at Dura-Europos', *Journal of American Oriental Society*, li (1931), pp. 119 ff.

索 引

[本索引中的页码为原书页码，即本书边码]

A

Abduchelos　阿卜杜切洛斯　207
Abgar　阿布加尔　99
Abu Kemal　阿布开美　153, 169
Aelanitic Gulf　爱兰尼德湾　33
Afghanistan　阿富汗　24
Africa　非洲　5 ff., 19, 25, 42, 47
African goods　非洲商品　13
Aglibol　阿格利波尔　137, 139, 141, 150, 155, 183, 219
Ahuramazda　阿胡拉玛兹达　141
Aila　艾拉　27
Akaba　亚喀巴　27, 65
Akkad　阿卡德　8, 10 f.
Aleppo　阿勒颇　14, 1 6, 21, 32, 91, 95, 159 ff.
Alexander the Great　亚历山大大帝　23 ff., 55, 93, 106, 156
Alexander Jannaeus　亚历山大·詹尼亚斯　64
Alexander Severus　亚历山大·塞维鲁 110 f., 113, 115, 119, 146, 181, 209
Alexandria　亚历山大里亚　20, 24, 27, 56 f., 61, 67 f., 89, 146
Allat　阿拉特　44 f., 138, 151
Amman　安曼　vi f., 31, 33 ff., 46, 72, 74 f., 130　又见 Philadelphia　费拉德菲亚
Ammonite rulers　亚扪统治者　58 ff.
Ammonites　亚扪人　61
Amorites　亚摩利人　19
Anath　亚拿特　106, 186, 218
Anderson, Prof.　安德森教授　121
Andrae　安德烈, 97
Andurain, Vicomtesse d'　安德莱因子爵　147
Angell, Prof. J. R.　安吉尔教授　158
Anthony　安东尼　29, 98, 101 ff., 106
Antigonus, the one-eyed　独眼安提哥那　24, 56
Antioch　安提阿　25, 27, 94 f., 117, 161
Antioch of the Gerasenes　格拉森人的安提阿　见 Jerash　杰拉什

Antiochus I 安条克一世 25

Antiochus III 安条克三世 25, 62, 64, 96, 99

Antiochus IV, Epiphanes 安条克四世 26, 62, 99

Apalad 阿帕莱德 见 Aphlad 阿弗莱德

Apamea 阿帕梅亚 161

Apamea-Zeugma 阿帕梅亚—宙格马 95

Aphlad 阿弗莱德 106, 186 f., 218

Apollo 阿波罗 198

Apollonius 阿波洛尼乌斯 39 f.

Apollonius of Tyana 提阿那的阿波罗尼俄斯 210

Arabia 阿拉伯 8, 12 f., 17 f., 20, 22 ff., 31, 33, 49

  climate of 气候 3

Arabia, Felix 阿拉伯福地 1, 12, 13, 27, 30

  geography of 地理 1

  South 南阿拉伯 6, 13 f., 17, 55

Arabian desert 阿拉伯沙漠 1, 5

  trade 贸易 21, 30

Arabs 阿拉伯人 6, 12, 30, 34

Aradus 阿拉都斯 16

Aramaean language 阿拉姆语 133

Aramaeans 阿拉姆人 22, 51, 61, 134

architecture at Petra 佩特拉的建筑 44 f.

Ardashir 阿尔达希尔 116, 212

Armenia 亚美尼亚 24

Arsacids 安息人 65, 115

Arsinoe 阿西诺 59

Arsu 阿苏 112, 131, 138 ff., 150 f.

Artaxerxes Ochus 阿尔塔薛西斯三世 22

Artemis 阿尔忒弥斯 198, 217

Artemis, temple of, at Dura 杜拉的阿尔忒弥斯神庙 82, 173, 178, 180 f., 193, 218

Artemis, temple of, at Jerash 杰拉什的阿尔忒弥斯神庙 70, 78 ff., 88

Artemis Azzanathkona 阿尔忒弥斯－阿赞纳特孔纳 106, 154, 182, 193

Artemis Nanaia 阿尔忒弥斯－南奈 105, 178, 180 f., 182, 193, 217

Asclepius 阿斯克勒庇俄斯 138

Ashur 阿舒尔 97

Ashurbanipal 亚述巴尼帕尔 17

Asia Minor 小亚细亚 1, 6 ff., 20

Assyria 亚述 10, 14 ff., 22

Assyrian empire 亚述帝国 15 ff., 21

  legal code 法典 9

  ornament 装饰品 44

Astarte 阿斯塔特 137 f.

Astrabad 阿斯特拉巴德 7

Atargatis 阿塔加提斯 78, 105, 131, 138, 151, 182, 217 f.

Atargatis, temple of, at Dura 杜拉的阿塔加提斯神庙 173, 178, 180, 193, 218

Athtar-Dhu-Gabdim 阿特塔尔－杜－盖布丁 22

Attalus 阿塔罗斯 102

Augustus 奥古斯都 29 f., 32, 50, 66,

102 f., 127

Augustus, policy of, in the Near East　奥古斯都的近东政策　106 f.

Aurelian　奥勒留　35, 118 f.

Avidius Cassius　阿维狄乌斯·卡修斯　110

Azizu　阿兹祖　112, 131, 138 ff., 151

Azzanathkona　阿赞纳特孔纳　见 Artemis Azzanathkona　阿尔忒弥斯－阿赞纳特孔纳

B

Baalbek　巴勒贝克　100, 178　又见 Heliopolis 赫里奥波利斯

Baal Samin　巴尔夏明　131, 137, 183

Bab-el-Mandeb　巴布－厄尔－曼德海峡　12

Bab-es-Sik, at Petra　佩特拉的西克峡谷　47

Babylon　巴比伦　109

Babylonia　巴比伦　6 ff., 15, 134

Babylonian gods, at Palmyra　帕尔米拉的巴比伦诸神　138 ff.

Babylonians　巴比伦人　53, 55

Bacon, Prof.　培根教授　72

Bactria　巴克特利亚　24

Baghdad　巴格达　17

Balkan peninsula　巴尔干半岛　177

Barlaas, contract of　巴拉斯合同　196

barter　易货贸易　4, 9 f.

Baur, Prof.　鲍尔教授　191

Bedouin　贝都因人　7, 12, 39, 42, 45 52

Bel　贝勒　127, 136 f., 140 f., 150, 155, 183

Bell, Gertrude　格特鲁德·贝尔　155

Bender　本德　121

Bene Komara　本尼克马拉　135

Bcne Mattabol　本尼马塔波尔　135

Benveniste, Prof.　本温尼斯特教授　210

Beragish　贝拉吉施　22

Berenice　贝勒尼基　59

Bet-shur　贝特舒尔　59

Bible　《圣经》　18

Bithynia　比提尼亚　24

Black Sea　黑海　19 f.

Blake, R. P.　布莱克教授　35

Bosra　布斯拉　29, 31, 33 ff., 51, 64 f.

Breasted, Prof. J.　布雷斯特德教授　155, 183, 214

Bulla Regia　布拉雷吉亚　47

Byblos　比布鲁斯　10, 16

Byssos　细麻布　57

Byzantine caravan trade　拜占庭帝国的商队贸易　70

period　拜占庭帝国时期　35, 48

C

Caligula　卡利古拉　32

Cambridge, Fitzwilliam Museum　剑桥大学菲茨威廉博物馆　41

Canatha　卡纳萨　31, 86

Cappadocia　卡帕多西亚　6, 9, 13, 24

mines of 金属矿 10
Caracalla 卡拉卡拉 110 ff., 181, 200, 206
Carchemish 卡尔凯美什 148
Carrhae 卡莱 101
Caspian Sea 里海 7
Cassius, Dio 卡西乌斯·狄奥 98, 101
Catabania 卡塔巴尼亚 13 f.
Caucasus 高加索 22
Chai al Qaum 柴艾尔考姆 138
Chaldaeans 迦勒底人 22
Chalkis 哈尔基斯 28
 (Lebanon)（黎巴嫩） 100
Charax 查拉克斯 27, 65, 109, 143, 145
Charles XII of Sweden 瑞典国王查理十二世 121
China 中国 19
Chinese art at Dura 杜拉的中国艺术 215
Chrysorrous 克里索罗斯河 63 f., 82
Cilicia, mines of 西里西亚的金属矿 10
Cimmerian Bosphorus 辛米里亚·博斯普鲁斯 24
Circassians 切尔克斯人 39
Claudius 克劳狄 32
Colonnaded courts, origin of 带柱廊的庭院的起源 132
Commagene 科玛吉尼 99, 148
Commodus 康茂德 69
Constantine 君士坦丁 40
Conway, Miss A. 康威小姐 40, 47
Crassus 克拉苏 98, 102, 130, 190

Crete 克里特 15
Crowfoot 克劳福特 72, 89
Ctesiphon 泰西封 114, 140
Cumont, Prof. F. 库蒙教授 114, 155, 157 ff., 167, 169, 171, 174 f., 178, 182 f., 192, 214, 218
Cyprus 塞浦路斯 15
Cyrene 昔兰尼 102

D

Dacia 达契亚 109, 139
Damascus 大马士革 11 f., 14, 16 f., 21, 28, 31 f., 61, 65 f., 68, 91 ff., 100, 134, 143, 146, 159 f.
Damascus Museum 大马士革博物馆 183
Darius 大流士 19, 21, 23
Dawkins 道金斯 122
Dea Syria 叙利亚女神 178
Deir es Zor 代尔祖尔 153, 160, 163, 169
Delos 提洛岛 62, 131
Demetrius 德米特里厄斯 24, 56
Dessau, Prof. 德绍教授 122
Diocletian 戴克里先 35
Diodorus 狄奥多罗斯 48
Dioscuri 狄俄斯库里 44, 139
Domitian 图密善 67
Don 顿河 20
Dura 杜拉 32, 74, 91 ff.

Christian church at 基督教教堂 189 f.
frescoes of 壁画 128
private houses of 私人住宅 190
Dusares 杜莎拉 45, 88, n. 1, 138
Dushara 杜莎拉 见 Dusares 杜莎拉

E

Edessa 埃德萨 28, 95, 99, 117, 188, 212
Edomites 以东人 18 f., 22 f.
Egypt 埃及 5 ff., 12 ff., 18 ff., 22, 24 f., 28, 55 f., 109
Egyptian trade 埃及贸易 28, 30
Elan 埃兰湾 27, 65
El-Ela 埃尔-埃拉 22, 33, 57, 203
El Habis 埃尔哈比斯山 47
El Hegra 埃尔赫格拉 50
El Khasne, at Petra 卡兹尼神殿 64, 139
El Mu'eisra 埃尔穆艾斯拉 47
Emesa 埃米萨 见 Homs 霍姆斯
English merchants at Palmyra 帕尔米拉的英国商人 121
Epiphanius, Bishop of Cyprus 塞浦路斯主教埃皮法尼乌斯 87
Eshmun 艾希姆恩 138
Es Siyagh 西雅格 47
Eudoxus of Cnidus 尼都斯的尤多克修斯 28
Euergetes I 尤尔盖特斯一世 58
Euphrates 幼发拉底河 1, 4 ff., 10, 12, 17, 23, 29, 32, 34, 65, 92, 167, 177

Europe 欧洲 20
Europos 欧罗普斯 见 Dura 杜拉

F

Farmakovsky 法尔马科夫斯基 122
Fayum 法尤姆 57
Fisher, Dr. C. 费舍尔博士 vi, 83
Flavians 弗拉维王朝 32, 67 f.
Fondouqs of Palmyra 帕尔米拉商业定居点 143 f.
Forath 弗拉特 143
Fortuna 福尔图那 见 Tyche 堤喀

G

Gabriel 加布里埃尔 129
Gad 迦得 43, 203
Gallienus 伽利埃努斯 117
Garian 盖尔扬 47
Garstang, Prof. 加斯唐教授 72
Gaul 高卢 109
Gaza 加沙 22, 61
Gazara 加扎拉 59
Gennaes 戈奈伊斯 145
Gerasa 格拉撒 31, 61 ff. 又见 Jerash 杰拉什
Gerrha 哲拉港 12, 19, 27, 65
Gerrhaeans 哲拉人 13 f.
Geta 格塔 200
Gilead 基列 18
Gordian III 戈尔迪安三世 115
Greece 希腊 5, 11, 19

Greek architects in East 东方的希腊建筑师 44
　　law 希腊化法律 9
　　states in East 东方的希腊化国家 23, 30
Guidi 圭蒂 41

H

Hadad 哈达德 78, 105 f., 131, 138, 151, 178, 186, 217
Hadramaut 哈德拉毛 13 f.
Hadrian 哈德良 68, 107, 144 ff., 196
Halifax, William 威廉·哈利法克斯 121
Hama 哈马 21, 32, 91, 93, 95, 143
Hamath 哈马特 见Hama 哈马
Hammurabi 汉谟拉比 9, 11, 14 f.
Han period 汉朝 19
Harappa 哈拉帕 7
Hasas 哈萨斯 135
Hatra 哈特拉 97, 171
Hegra 埃尔赫格拉 203
Helena 海伦娜 40
Heliogabalus 赫利奥加巴卢斯 110
Heliopolis 赫里奥波利斯 100
Hellenism and Parthia 希腊文化和帕提亚 98 ff.
Hellenistic culture 希腊化文化 24, 28 f.
　　period 希腊化时期 48
　　period at Petra 佩特拉的希腊化时期 50
　　tombs at Petra 佩特拉的希腊化坟墓 45
Hellenization, policy of 希腊化政策 59, 62
Hercules 赫拉克勒斯（大力神） 202
Herod the Great 希律王 67
Herzfeld, Prof. 赫茨菲尔德教授 97
Hieropolis-Bambyce 希罗波里斯—班比斯 178
Hipparchus 希帕克斯 28
Hittite art 赫梯艺术 148
　　law 赫梯法律 9
　　power 赫梯人的势力 14
Hofsted 霍夫斯特德 121
Homs 霍姆斯 21, 28, 32, 91, 93, 95, 100, 143, 159 f.
Hopkins, Prof. Clark 克拉克·霍普金斯教授 vi, 159, 167, 186, 189, 201
Horsfield 霍斯菲尔德 40, 47, 72, 78, 80
Huntington, Elsworth 埃尔斯沃思·亨廷顿 3
Hvareno 赫瓦雷纳 43, 203
Hyksos 希克索斯人 14

I

India 印度 5 ff., 13, 19, 24 ff., 28, 30, 49
Indian trade 印度贸易 12, 30
Ingholt, Prof. 英霍尔特教授 145
Iran 伊朗 1, 5 ff., 96 ff.

Iranian plateau 伊朗高原 12, 23, 26, 32
  religion 伊朗宗教 139 ff.
Ishmaelite caravan 以实玛利商队 18
Ishtar-Astarte 伊什塔尔-阿斯塔特 131, 137
Isis, temple of, at Petra 佩特拉的伊西斯神庙 43
Italy 意大利 5, 19, 50
Ituraean dynasty 伊图利安王朝 100

J

Jaussen, RP. 佩雷斯·若桑 49, 123
Jerash 杰拉什 vi, 31, 33, 37, 39 ff., 46, 52, 65 f., 125, 129 f., 132
  Arab period at 阿拉伯时期的杰拉什 71
  Christian period at 基督教时期的杰拉什 69, 73, 86 ff.
  topography of 杰拉什的地形地貌 74 ff.
Jerusalem 耶路撒冷 32, 63, 71
Jews 犹太人 39, 48, 55, 64
Jewish trade 犹太贸易 22
Jordan 约旦 1
Judaea 犹太地 28
Julia Domna 朱莉娅·多姆娜 111, 201
Julia Maesa 朱莉娅·梅依莎 111
Julia Mammaea 朱莉娅·玛麦娅 111
Julia Soacmisas 朱莉娅·素伊米苏斯 111
Julian 朱利安 119
Justinian 查士丁尼 70, 87 f.

K

Kasr Firaun, at Petra 佩特拉的卡斯尔费劳恩神庙 48
Kertch 刻赤 104
Khabur 哈布尔河 1, 17
Kish 基什 7
Konon 科农 192, 218
Kul Tepe 库尔特佩 9
Kushan kingdom 贵霜王国 140

L

Lambaesis 兰贝西斯 200
Lammens, RP. 拉曼斯神父 35
Laodicea 劳迪西亚 25
Latysheff 拉蒂谢夫 122
Lazareff, Prince A. 阿巴梅勒克·拉扎列夫亲王 122
Lebanon 黎巴嫩 1
Leptis 莱普提斯 86
Leuce Come 白村 27, 65
Lihyian kingdom 利雅人王国 55, 57
'limes' (Roman) 罗马边境 200
Lisams 莉珊斯 134,
Little, A. 艾伦·利特尔 210
Loo Collection 卢芹斋藏品 19
Loos, Cornelius 科尼利乌斯·卢斯 121, 123

Lucius Verus 卢修斯·维鲁斯 110

Lydia 吕底亚 20

Lysias, Septimius 赛普提米乌斯·吕西亚斯 205

M

Maan 马安 39

Maccabees 马加比家族 64, 67

Macedon 马其顿 24, 30

Macedonian colonies, in East 东方的马其顿殖民地 59, 61, 97, 104, 156

   colony at Dura 杜拉的马其顿殖民地 188, 197

Macrinus 马克林努斯 115

Main 迈因语 22

Maiumas (Semitic) 五月庆典狂欢节（闪族人）70, 84

Malakbel 玛拉克贝勒 137

Maps, early 早期的地图 16, 177

Marcus Aurelius 马可·奥勒留 69, 108, 100

Maresha 马雷沙 59

Mariba 马里巴 17

Mazaka 马萨卡 10

Mearists 单峰驼骑兵 33, 39, 51

Mecca 麦加 35, 46, 52

Medians 米底人 22

Mediterranean 地中海 8, 19, 29

Memphis 孟菲斯 89

Mesopotamia 美索不达米亚 1, 4, 10, 12, 20, 25 f., 62, 96

Mesopotamian painting 美索不达米亚绘画 214

Michigan expedition 密歇根大学考古队 97

Miletus 米利都 20

Mina(silver) 迈纳（银币）11

Minaean kingdom 迈因人王国 55, 57

Minaeans 迈因人 13 f., 17, 21 f.

Mithridates the Great 米特里达梯 97, 101

Mohammed 穆罕默德 52,

Mohenjo Daro 莫亨佐·达罗 7

Mond, H. 亨利·蒙德 40

Monikos 莫尼克斯 100

Monimos 莫尼莫斯神 138

Murphy, Capt. 墨菲上尉 153, 155, 183, 192

N

Nabataean kings 纳巴泰人的国王 50, 55, 100

   period at Petra 佩特拉的纳巴泰时期 48

   texts 纳巴泰语文本 43

   trade 纳巴泰人的贸易 64

Nabataeans 纳巴泰人 18, 22 f., 28, 30, 32 f., 51 f., 56 ff., 65, 113

Nabonidus 纳波尼多斯 18 f.

Nanaea 南奈女神 137 又见 Artemis Nanaia 阿尔忒弥斯－南奈女神

Naram-sin 纳拉姆辛 8

Naukratis 瑙克拉提斯 20

Nebuchelos 尼布切洛斯 207 f.

Nejd 内志 28
Nemesis 涅墨西斯女神 217
Neo-Babylonian empire 新巴比伦帝国 18 f., 23
Nergal 涅迦尔 137
Nero 尼禄 32, 66, 73
Nicanor 尼卡诺 93
Nicephorium 尼科弗里乌姆 95
Nile 尼罗河 5 f., 57
Nimrud-Dagh 尼姆鲁德-达格 99, 148
Niniveh 尼尼微 17
Nippur 尼普尔 22
Nubia 努比亚 24

O

Odenath 奥登纳图斯 115, 117 f.
Ogelos 欧盖罗斯 145
Omar II 奥马尔二世 70
Orontes 奥伦提斯河 1, 25, 161
Orthonobazus 奥索诺巴佐斯 191
Osrhoene 奥斯若恩 99

P

Pagliaro, Prof. 帕格里埃罗教授 210, n. 1
Palace-court, at Dura 杜拉的宫殿庭院 172 ff
Palestine 巴勒斯坦 1, 5, 8, 25 ff., 37, 39, 56, 58 ff., 68, 134
Palmyra 帕尔米拉 17 f., 28 ff., 42, 46, 52, 85, 91 ff., 120 ff., 177

art of 帕尔米拉的艺术 147 ff.
political constitution of 帕尔米拉的政治制度 141
Trajan's policy at 图拉真的帕尔米拉政策 107
Palmyrene gods, temple of, at Dura 杜拉神庙里的帕尔米拉诸神 183 f., 204
tariff 帕尔米拉的关税 122, 142
Panticapaeum 潘提卡彭 20, 104, 195
Parthia 帕提亚 23, 26 ff., 34, 52, 65, 96
importance of 帕提亚的重要性 97 ff.
importance of, at Dura 帕提亚在杜拉的重要性 156 ff., 170 ff.
Parthian art 帕提亚艺术 147 ff., 191, 193 ff., 212 ff.
Paul, St. 圣保罗 32
Perdiccas 佩尔狄卡斯 56
Pergamum 帕加马 24, 102
Persia 波斯 15, 19, 23 f., 34, 210
Persian Gulf 波斯湾 1, 12, 26
period 波斯时期 22, 50
trade 波斯贸易 19 ff.
Petra 佩特拉 vii, 23 f., 26 ff., 55 ff., 68, 85, 101, 109, 120, 125, 129, 132, 134, 146, 203
Petraea 彼得雷亚 18
Philadelphia 费拉德菲亚 31, 41, 59 ff. 又见 Amman 安曼
philhellene kings 亲希腊的国王 52
Philip 菲利普 86
Philip the Arab 阿拉伯人菲利普 115

Philostratus 斐洛斯特拉图斯 210
Philotereia 菲洛特利亚 59
Phoenicia 腓尼基 1, 5, 8, 10, 14, 16, 19, 20, 25 ff., 32, 50, 56, 68, 95 f.
Phraates, contract of 弗拉特斯贷款合同 196
Phrygia 弗里吉亚 20
Pieria 皮埃里亚 25
Pillet, M. 皮列 vi, 159
Poidebard, R. P. 普瓦德巴尔 145
Pompeian wall-painting 庞贝壁画 43 f.
Pompeius Trogus 庞培乌斯·特罗古斯 97
Pompey 庞培 29 f., 32, 66, 98, 100 f.
Pontus 本都 24
Procopius, St., Church of, at Jerash 杰拉什的圣普罗科匹乌斯教堂 79
Ptolemies 托勒密王朝 25 ff., 30, 56 ff., 61 f., 96
Ptolemy, son of Mennaeus 米纳亚斯之子托勒密 100
Ptolemy II, Philadelphus 托勒密二世 26 f., 57 f.
Ptolemy VII, Euergetes II 托勒密七世, 尤尔盖特斯二世 102
Puteoli 部丢利 50

R

Rabbath Ammon 拉巴斯亚扪 60
Red Sea 红海 1, 5, 13, 19, 22 f., 25, 27, 57

Renard 雷纳 171
Rome, Palmyrene settlements in 帕尔米拉人在罗马的定居点 109
  and Parthia 罗马和帕提亚 100 ff.
Roman law 罗马法 9
  period 罗马时期 48
  policy in the Near East 罗马在近东的政策 66
  power 罗马的势力 28 ff., 34 f.
Roudha 罗达哈 138
Russia, South 南俄罗斯 20

S

Sabaean kingdom 塞巴王国 55
Stelae 塞巴语石碑 36
Sabaeans 塞巴人 13 f., 17 f., 22 f.
Safaitic Arabs 讲赛法语的阿拉伯人 134
Sampsigeramos 桑普西格拉莫斯 100
Sams 萨姆斯神 138
Sargon 萨尔贡 8 f., 17
Sarmatian warriors 萨尔玛提亚战士 194 ff., 215
Sarre, F. 萨雷 97
Sasanian art 萨珊王朝艺术 212 ff.
  period 萨珊王朝时期 34, 41, 69, 97, 115
Satrapes 赛特拉普斯 140
Savignac, Pere 萨维尼亚克 49, 123
Seistan 锡斯坦 7
Seleucia 塞琉西亚 25, 65, 91 f., 94,

97, 161
  in Pieria 塞琉西亚在皮埃里亚的发展 25
  on the Eulaios 优来奥斯河畔的塞琉西亚 198
Seleucid period, routes of 塞琉古时期的贸易路线 161
  power at Dura 杜拉的塞琉古势力 170
Seleucids 塞琉古王朝 25 ff., 30, 56, 58, 62, 65, 94, 96, 98, 100
Seleucus I 塞琉古一世 25, 93, 98
Semitic cities 闪米特人的城市 21
  elements at Jerash 杰拉什的闪米特元素 85
  elements at Palmyra 帕尔米拉的闪米特元素 110, 133
Sendjirli 辛色利 148
Severi, policy of, in Mesopotamia 塞维鲁王朝在美索不达米亚的政策 110 f.
Severus, dynasty of 塞维鲁王朝 69
Severus, Alexander 亚历山大·塞维鲁 181
Severus, Septimius 塞普提米乌斯·塞维鲁 86, 110 f., 181, 206
Seyrig, H. 塞里格 vi, 127
Shamash 沙玛什 137 ff.
Shapur I 沙普尔一世 116, 119, 174, 212
shekel 谢克尔 11
Sicily 西西里 19
Sidon 西顿 50, 58

Simeon, St., Monastery of 圣西蒙修道院 162
Sinai peninsula 西奈半岛 13, 103
Skythopolis 西古提波利 31
Soados 苏阿多斯 145
Solomon 所罗门 18
Spain 西班牙 5, 109
Spasinu Charax 条支 见Charax 查拉克斯
Stadium, at Jerash 杰拉什的竞技场 74
Stein, Sir Aurel 奥雷尔·施泰因爵士 97
Strabo 斯特拉波 48
Suez Canal 苏伊士运河 19
  Isthmus of 苏伊士地峡 5
Sumer 苏美尔 7, 9, 10, 21
Sumerian culture 苏美尔文化 11, 53
  language 苏美尔语 9
Susa 苏萨 198
Syria 叙利亚 1, 5 ff., 13 f., 18, 21 ff., 55, 62 f., 68, 91
Syro-Arabian Empire 叙利亚—阿拉伯帝国 48

T

Tacitus 塔西佗 98
Tadmor 达莫 见Palmyra 帕尔米拉
Taurus 托罗斯山 1
Tell Halaf 哈拉夫 148
Tema 提玛 13, 19
theatre at Palmyra 帕尔米拉的剧院 129 f.

Theodore Stratelates, St., Church of, at Jerash 杰拉什的圣西奥多大教堂 70, 79, 87 f.
Thothmes III 图特摩斯三世 15
Thrace 色雷斯 24
Thughra, at Petra 佩特拉的图戈拉峡谷 47
Tiberius 提比略 32, 103
Tiglath-pileser I 提革拉毗列色一世 17
Tiglath-pileser III 提革拉毗列色三世 17
Tigris 底格里斯河 1, 4 ff., 12, 25, 27, 92
Torrey, Prof. 托里教授 210, n. 1
Trade, earliest history of 贸易，最早的历史 4 ff.
Trajan 图拉真 32 ff., 49 ff., 68, 144, 196
Trajan, policy of, in Near East 图拉真的近东政策 106 f., 110
Transjordania 外约旦 25, 30 f., 39, 55 ff.
Transjordanian legion 外约旦军团 39
Tripoli 的黎波里 47
Tubias 图拜厄斯 60
Tunisia 突尼斯 47
Turkestan 土耳其斯坦 7, 20
Turkmaniye, at Petra 佩特拉的土库曼尼亚峡谷 47
Tyche 堤喀女神 43
Tyche, at Jerash 杰拉什的堤喀女神 79
Tyche, at Dura 杜拉的堤喀女神 188, 203 ff., 209, 219
Tyche, at Palmyra 帕尔米拉的堤喀女神 151, 219
Tyre 泰尔 16, 58

U

Upsala, University Library 乌普萨拉大学图书馆 121
Ur of the Chaldees 迦勒底人的乌尔 7 f., 11, 191
  third dynasty of 乌尔第三王朝 8 f.
Ur-Nammu 乌尔纳姆 8
Uspensky 乌斯宾斯基 122

V

Vaballath 巴巴拉图斯 117 f.
Valerian 瓦勒里安 115, 117, 212
Vespasian 韦斯帕芗 67, 73
Vogüé, Marquis de 富尔盖侯爵 122
Vologesia 沃洛吉西亚 109, 143 ff.
Vorodes, Julias Aurelius Septimius 尤利乌斯·奥勒留·塞普提米乌斯·沃罗德斯 117, 130

W

Wady Musa 瓦迪穆萨河 48
Welles, B. C. 威尔斯 196
Wiegand, T. 维甘德 46
Wood 伍德 122 f.

Y

Yale expedition to Dura 耶鲁大学在杜拉的考古 107, 157 f., 167

    Museum 耶鲁大学博物馆 183, 185

Yarhibol 亚希波尔 137, 141, 150, 155, 183, 219

Yarhibol-Malakbel 亚希波尔-玛拉克贝勒 139

Yathil 亚提尔 22

Z

Zebida 西比达 134

Zenobia 芝诺比娅 35, 118 f., 123, 125

Zenon, archives of 泽农档案 59 ff.

Zeus 宙斯 198

Zeus, Temple of, at Jerash 杰拉什的宙斯神庙 74 ff.

Zoroastrian religion 琐罗亚斯德教 140

"二十世纪人文译丛"出版书目

《希腊精神:一部文明史》　　　　　　〔英〕阿诺德·汤因比　著　乔　戈　译

《十字军史》　　　　　　　　　　　　〔英〕乔纳森·赖利-史密斯　著　欧阳敏　译

《欧洲历史地理》　　　　　　　　　　〔英〕诺曼·庞兹　著　王大学　秦瑞芳　屈伯文　译

《希腊艺术导论》　　　　　　　　　　〔英〕简·爱伦·哈里森　著　马百亮　译

《国民经济、国民经济学及其方法》　　〔德〕古斯塔夫·冯·施穆勒　著　黎　岗　译

《古希腊贸易与政治》　　　　　　　　〔德〕约翰内斯·哈斯布鲁克　著　陈思伟　译

《欧洲思想的危机(1680—1715)》　　〔法〕保罗·阿扎尔　著　方颂华　译

《犹太人与世界文明》　　　　　　　　〔英〕塞西尔·罗斯　著　艾仁贵　译

《独立宣言:一种全球史》　　　　　　〔美〕大卫·阿米蒂奇　著　孙　岳　译

《文明与气候》　　　　　　　　　　　〔美〕埃尔斯沃思·亨廷顿　著　吴俊范　译

《亚述:从帝国的崛起到尼尼微的沦陷》　〔俄〕泽内达·A.拉戈津　著　吴晓真　译

《致命的伴侣:微生物如何塑造人类历史》　〔英〕多萝西·H.克劳福德　著　艾仁贵　译

《希腊前的哲学:古代巴比伦对真理的追求》　〔美〕马克·范·德·米罗普　著　刘昌玉　译

《欧洲城镇史:400—2000年》〔英〕彼得·克拉克　著　宋一然　郑昱　李陶　戴梦　译

《欧洲现代史(1878—1919):欧洲各国在第一次世界大战前的交涉》
　　　　　　　　　　　　　　　　　　〔英〕乔治·皮博迪·古奇　著　吴莉苇　译

《古代美索不达米亚城市》　　　　　　〔美〕马克·范·德·米罗普　著　李红燕　译

《图像环球之旅》　　　　　　　　　　〔德〕沃尔夫冈·乌尔里希　著　史　良　译

《古代波斯:阿契美尼德帝国简史(公元前550—前330年)》
　　　　　　　　　　　　　　　　　　〔美〕马特·沃特斯　著　吴　玥　译

"二十世纪人文译丛"出版书目

《古代埃及史》　　　　　　　　　　　　〔英〕乔治·罗林森　著　　王炎强　译

《酒神颂、悲剧和喜剧》　　　　　　〔英〕阿瑟·皮卡德-坎布里奇　著　　周靖波　译

《诗与人格：传统中国的阅读、注解与诠释》　　　〔美〕方泽林　著　　赵四方　译

《人类思想发展史：关于古代近东思辨思想的讨论》
　　　　　　　　　　〔荷兰〕亨利·法兰克弗特、H. A. 法兰克弗特 等　著　　郭丹彤　译

《意大利文艺复兴简史》　　　　　　　　〔英〕J. A. 西蒙兹　著　　潘乐英　译

《人类史的三个轴心时代：道德、物质、精神》　　〔美〕约翰·托尔佩　著　　孙岳　译

《西方古典历史地图集》　　〔英〕理查德·J. A. 塔尔伯特　编　庞纬　王世明　张朵朵　译

《中世纪与文艺复兴时期的佛罗伦萨》　　〔美〕费迪南德·谢维尔　著　　陈勇　译

《乌尔：月神之城》　　　　　　　　　　〔英〕哈丽特·克劳福德　著　　李雪晴　译

《塔西佗》　　　　　　　　　　　　　　〔英〕罗纳德·塞姆　著　　吕厚量　译

《历史哲学指南：关于历史与历史编纂学的哲学思考》　〔美〕艾维尔泽·塔克　主编　余伟　译

《罗马艺术史》　　　　　　　　　　　　〔美〕斯蒂文·塔克　著　　熊莹　译

《人类的过去：世界史前史与人类社会的发展》
　　　　　　　　　　　〔英〕克里斯·斯卡瑞　主编　陈淳　张萌　赵阳　王鉴兰　译

《意大利文学史》　　　　　　〔意〕弗朗切斯科·德·桑科蒂斯　著　　魏怡　译

"二十世纪人文译丛·文明史"系列出版书目

《大地与人：一部全球史》　　〔美〕理查德·W. 布利特 等　著　刘文明　邢科　田汝英　译

《西方文明史》　　　　　　　　　　　〔美〕朱迪斯·科芬 等　著　　杨军　译

《西方的形成：民族与文化》　　　　　　〔美〕林·亨特 等　著　　陈恒 等　译

图书在版编目（CIP）数据

商队城市 /（美）M. 罗斯托夫采夫著；马百亮译. —北京：商务印书馆，2023
（二十世纪人文译丛）
ISBN 978 − 7 − 100 − 22099 − 6

Ⅰ. ①商… Ⅱ. ①M… ②马… Ⅲ. ①商业史 — 世界 Ⅳ. ①F731

中国国家版本馆 CIP 数据核字（2023）第043303号

权利保留，侵权必究。

商　队　城　市

〔美〕M. 罗斯托夫采夫　著
马百亮　译

商　务　印　书　馆　出　版
（北京王府井大街36号　邮政编码 100710）
商　务　印　书　馆　发　行
山东临沂新华印刷物流
集团有限责任公司印刷
ISBN 978 − 7 − 100 − 22099 − 6

2023年6月第1版	开本 640×960　1/16
2023年6月第1次印刷	印张 13¾

定价：68.00元